未来形の読書術

石原千秋 Ishihara Chiaki

★――ちくまプリマー新書
062

目次 * Contents

扉デザイン　クラフト・エヴィング商會

まえがき――いま、どこにいるのか

あなたは、いまどこにいるのだろうか。

どこで、このページを読んでいるのだろうか。

あなたがいまいるのは、本屋さんだろうか。図書館だろうか。カフェだろうか。それとも自分の部屋だろうか。どこが一番落ち着いて本が読めるのだろう。

シーンという耳鳴りみたいな音が聞こえてきそうな静かな図書館でないと落ち着いて本が読めない人もいるし、逆にカフェのバックグラウンド・ミュージックがかかっていないと落ち着いて本が読めない人もいる。ぼくの町のドトールというコーヒー店には、毎日のように夕方になると本を読みに来るおじいさんがいる。家に本を読む場所がないのではなくて、たぶんそのコーヒー店がいいのだろう。

電車の中でも本が読める人は多い。ぼくもそうだ。通勤電車の中では、幅《はば》を取らない新書を、しかも自分の専門外の新書を読むことにしている。電車の中は、会話もろくにできないくらいうるさい。うるさいのに落ち着いて本が読めるのはどこかヘンな気もしている。

「落ち着いて本が読める」とはどういうことだろう。それは、周りが気にならないということだ。では、その「周り」とはなんだろう。周りの人のことだろうか。ちょっとした雑音のことだろうか。たぶん、そうではない。本を読むぼくたちにとって一番「うるさい」のは自分の体だ。だから、ふつう自分の体を気にしなくてもいいような姿勢を整えてから、ぼくたちは本を読む。本に没頭《ぼっとう》しているときには自分の体を感じていない。体がかゆくなったりくすぐったくなったりしたら、読書に集中できない。読書に体はじゃまなのだ。

もっとじゃまなものがある。それは、自分の意識だ。そもそも自分の体がじゃまだと感じるのは、意識が体に向かっているからである。しかし、本の世界に入り込んでいるときには、ぼくたちは自分の体どころか、自分が自分であることさえ忘れてしまっている。つまり、自分を感じていない。自分の意識が全部本の中に入ってしまって、自分を感じるゆとりもないはずだ。そういう状態を作るためにわざわざ音楽をかける人もいる。別に音楽を聴《き》いているわけではないだろう。意識が自分に向かわないようにすればそれでいいのだ。それが、「読書に没頭する」ことだ。

映画やテレビに没頭するために音楽をかける人はいないだろうと思う。ところが、読書するときにはそうする人がいる。読書するときに音楽をかける人は、音楽で「周り」を遮断《しゃだん》しているのだ。この「周り」の中には自分も含《ふく》まれる。音楽で自分から自分自身を遮断しているのである。

こんな風に、文字を読むことしかできない読書に集中するために、ぼくたちは結構高級な技術を使っているのかもしれない。それは、ぼくたちがどうして黙読《もくどく》ができるようになったのかを考えるだけでも、すぐにわかる。

文字が読めないまだ幼い子供は、誰《だれ》かに本を読んでもらう。物語はまず耳からやってくる。これは読んでいるのではなく、物語を聞いているのである。つまり、物語は体を通してやってくる。そのうちに自分でも読めるようになる。しかし、小さい子供ははじめは声を出して読んでいる。自分の声を耳から聞いて本を読んでいるわけだ。半分読んで、半分聞いている感じかもしれない。

そのうち声を出さなくなるけれども、よ〜く見ていると唇《くちびる》がかすかに動いている。人にも自分にも聞こえない声を出して読んでいるのだ。もう少し成長すると、唇は動いていないけれど、指で文字をなぞっている。ちゃんと目で読んでいるけれども、まだ体の力を借りないと読めない段階だと言っていい。大人でも、急いでいるときには指で文字をなぞることがある。体の動きを借りるのである。

そして最後に、ようやく目だけ動かして本を読むことができるようになる。これが黙読だ。物語に興味を示し始めてからこうなるまでに、ふつう数年はかかる。気の遠くなるような時間だ。読書のために自分を消すことがいかに大変かがわかる。

ぼくたちは、ふだんこういう過程を経て本が読めるようになったことを忘れている。しかしこうして振《ふ》り返《かえ》ってみると、長い時間をかけてようやく大変高級な技術を身につけたことがわかる。この技術の勘所《かんどころ》は、読書の最中に自分を限りなくゼロに近づけることにある。自分を忘れることにある。スタイナーという文明批評家は、こう言っている。「元来読書というものはきわめて孤独《こどく》な行為《こうい》である。それは部屋のなかの他のものから読者を遮断し、読者の意識の全《すべ》てを閉じた唇の背後に封《ふう》じこめる」(『青鬚《あおひげ》の城にて』桂《かつら》田重利《だしげとし》訳、みすず書房、一九七三・一)と。その通りだ。そして、その上に自分まで忘れているのである。

考えてみれば、ぼくたちは日常生活を送っているときにも自分を忘れている。それがどうして黙読の技術を習得するためには、これほど長い時間を必要とするのだろうか。それは、たぶん黙読には意識が深く関係しているからにちがいない。文字への意識と自分への意識は、おそらく隣《とな》り合《あ》わせなのだろう。だから、黙読に一番じゃまなのは、自分を意識することだ。自然に黙読をしているときには、意識はあなたを忘れている。意識はあなたを知らない。意識は文字だけに向かっている。まるで、「自分」という存在がいなくなってしまったかのように。読書をしているあなたはそこ、、にはいない。ここ、、にいる。そう、このページの中のことだ。しかし、このページはあなたではない。このページはこのページだ。

いま、あなたはこのページを読んでいる。そのとき、あなたはこのページの中にもいないし、いままさにこの本を手に持っているそこにもいない。だから、あなたは世界の中のどこにもいない。そして、あなたはそのことさえ忘れている。これが読書について考えるための出発点だ。

第一章　本を読む前にわかること

本は自分を映す鏡だ

あなたはなぜこの本を読んでいるのだろうか。いや、あなたはなぜこのページを読んでいるのだろうか。自分の部屋でくつろいでこのページを開いている人もいるかもしれないし、この本を買おうか買うまいか迷っている人もいるかもしれない。もしかすると、迷っている人の方が多いかもしれない。では、どうして迷うのだろうか。

ぼくたちがもっとも本を集中して読むのは、実は本屋さんで立ち読みをするときだ。本屋さんで、本を買う前に中身をちょっと立ち読みする人は多い。そのとき、どうしてほかならぬこの本を買おうと思うのだろうか。誰《だれ》かに買うように言われたから。役に立ちそうだから。必要に迫《せま》られたから。関心のあるテーマだから。面白《おもしろ》そうだから。ただ何となく。これらに共通しているのは、みんなこの本を「読めばわかる」ことを前提としているということである。

「読めばわかる」と思うからその本を買う。しかし、本を買うのはそこに知らないことが書いてあると思うからでもある。あるいは、何が書いてあるかわからないからでもある。書いてあることがすべて知っていることばかりだったら、その本は買わないだろう。あるいは、「面白くない」という判断をするとき、その判断にはすでに知っているという前提があるはずだ。知らないことについて面白いか面白くないかは判断できないのだから。

「いや、自分には関係がないし必要もないから面白くないと判断したのだ」と反論する人がいるかもしれない。なるほど、そういう場合もあるにちがいない。では、どうして「自分には関係がないし必要もない」と判断できたのだろうか。それは、この本が「自分には関係がないし必要もない」ということを知っているからではないだろうか。ということは、この本を「自分には関係がないし必要もない」と判断したときには、もうこの本に書いてあることを知っていたのだ。
「わかりそうもないから買わないのだ」という人もいるかもしれない。こうくれば、ぼくがどう答えるかはもうわかるだろう。そう判断したとき、あなたはこの本が「わかりそうもない」ことを知っていることになると、ぼくは答える。「「わかりそうもない」ことを知っている」とはどういうことだろうか。あるいは、なぜそんなことがわかるのだろうか。

それは、自分を知っているからだ。自分が何を知っているのか、何を知らないのか、何がわかるのか、何がわからないのか、何に関心があるのか、何に関心がないのか、そういうことを知っているということである。この本を買うか買わないかを判断することは、本を前にして自分の知っていることや知らないことを確認することだったのだ。買うか買わないか迷うことは、本という鏡に自分を映すことだったのである。

まだ本を読み始めてもいないのに、もうこれだけのことがわかってしまったのだ。これだけでもこの本を手にした価値はあろうというものだなどと言ったら、ちょっと手前味噌《みそ》かな。

未来形の自分を求めて

ぼく自身は、自分に関《かか》わりのない世界がこんなにもたくさんあると思いたくないために、いつも必要以上、能力以上の本を買ってしまう。文学を研究しているのに、現代思想や社会科学の分野の本をたくさん買う。ぼくならこれも読める、あれも読めると思ってしまうのである。いや、「思いたい」と言ったほうが正確かもしれない。ぼくの場合、本という鏡に映った自分はいつも等身大の自分よりも肥大しているようだ。それは、自分自身に対する見栄《みえ》のようなものかもしれない。

年間の本代が二百万円とか三百万円とか書いたりするのも（もちろん事実だが、人文系の研究者にとってはわざわざ書くほどの額でもない）、自分を鼓舞《こぶ》する気持ちがあるのかもしれない。以前はこれだけの本を全部読むのかと、妻に聞かれたものだ。いまでも、学生はそういう質問をする。そういうときには「本を買うのは趣味《しゅみ》で、読むのが仕事だが、いまは趣味が高じている段階である」と答えることにしている。見栄を張るのにもいろいろ屁理屈《へりくつ》がいるのである。

それでも、この見栄がなくなったらぼくは教師としても、研究者としても終わりだと思っている。直視するには、等身大の自分はあまりに貧弱すぎる。だから、本を買う。専門外の本を買って、自分はこれだけ世界が広いと、自分自身に見栄を張るのである。

これは大学生の時から変わらない。ぼくが大学生の時には、図書館の本には裏表紙に貸し出し用のカードが付いていて、本を借りるときにはそれに名前を書き込む仕組みになっていた。そこで、ぼくはわかりもしないギリシャ哲学《てつがく》あたりから手当たり次第に借りまくって、ろくに読みもしないで返却《へんきゃく》していた。友人が引っかかって、「お前、あんな本まで読んでるのかよ」と驚《おどろ》いていた。知的な見栄を張るのは、青年の特権でもあり、義務でもある。

この年になればまさかそんなことはしないが、その代わりに自分自身に見栄を張るようになったわけだ。それは、ぼく自身の精神的な若さへの憧《あこが》れでもある。若いということは、いまの自分に満足していないということでなければならない。いまの自分に満足している若者は現実にへたり込《こ》んだ精神的な「老人」である。精神的な「若者」は、いつもいまの自分に不満を抱《かか》えている。だから、理想の自分へ「成長」しようともがくのである。それは少しもみっともない姿ではない。「大人」はそういう「若者」を温かく見守るものだ。

映画でも、アニメでも、ドラマでも、音楽でも、絵画でも、それらを前にしてぼくたちの心はこれだけ複雑な働きはしないのではないだろうか。誤解のないように言っておくと、これは本がこれらのメディアよりもすぐれているという意味で言っているのではない。本はこれらとは何かが違《ちが》うと言いたいだけなのである。

本には何かはよくわからないが、そして実際に読んでもわからないかもしれないのに、自分が知らなければならないこと、わかっておかなければならないことが書いてあると、あなたは思っているはずだ。本は自分を映す鏡だと考えれば、それはこうありたいと願っている未来形の自分ということになる。つまり、いまよりは成長した自分である。

そういうあなたが読む限り、本はいつも新しい。現実には、未来に書かれた本はない。本はいつも過去に書かれている。当たり前の話である。しかし、本の中に未来形の自分を探したいと願う人がいる限り、本はいつも未来からやってくる。そのとき、本には未知の内容が書かれてあって、そこにはそうありたい自分が映し出されている。これは、理想の自己発見のための読書、未来形の読書と呼べそうだ。古典を新しいと感じることがあるのは、そのためなのだ。本はそれを読む人の鏡なのだから、その人が読みたいように姿を変えるのである。

だからこそ、「本を読みなさい」という言葉はいかにも学校空間的なお説教に聞こえてしまうことにもなる。学校空間は成長物語が好きだから、読書にもそれを求めてしまうのだ。そろそろテレビを切り上げて勉強しようかなと思ったまさにそのときに「勉強しなさい！」と言われてしまう経験をしたことがあるのではないだろうか。ものすごくイライラして、勉強する気がなくなってしまうものだ。あれに似ている。

そこで、読書の時間だけを決めてどんな本でも読んでいいことにすると、あなたは喜んで本を読むかもしれない。しかし、読む本を決めて読書を強制されると、あなたはイライラするだろう。それは、読む本を決めて読書を強制することは、こういう自分になりなさいと未来形のあなたを学校空間が決めることだからだ。だれでも未来の自分は自分自身で決めたいと思っている。そこまで学校空間に縛《しば》られたくはないと思っている。だから、イライラするのだ。

それでも、推薦《すいせん》してくれた本を読んでよかったと思うことがある。それは、推薦してくれた先生と信頼《しんらい》関係ができている場合ではないだろうか。つまり、あなたはその先生にあなたの未来の一部を預けてもいいと考えたのである。信頼するということは、相手に未来を預けることだ。では、過去形の信頼はあるだろうか。信頼する人に自分の秘《ひ》められた「過去」を話すことがある。しかし、それは過去に戻《もど》りたいからではなくて、よりよい未来を生きたいからにちがいない。信頼は常に未来形をしている。

本を読むことについて考えていくと、信頼するということがどういうことなのかということまで見えてくる。さてそうすると、自分自身に見栄を張っているぼくはいったい誰を信頼しているのだろうか。

過去形の読書もある

ここで、先に放り出したまま次に進んでしまった文章に戻ってみよう。それは〈「読めばわかる」と思うからその本を買う〉という文章である。

知らないことが書いてありそうな本を、そしてまだぱらぱらと拾い読みした程度の本を「読めばわかる」と判断できるのはどうしてだろうか。具体的には、本のタイトル、著者名、帯の宣伝《せんでん》文句、新聞の書評、アマゾンのレビュー、友達からの口コミ、本屋さんのポップ（「今年一番泣ける本！」みたいに平積みにしてある本のところに立ててある広告）、本屋さんでのその本の扱《あつか》い（いかにも「いま売れてるぞ！」という風に目立つところにドカッと平積みしてあるのか、いかにも売れ残り風に片隅《かたすみ》の本棚《ほんだな》に差してあるのか）、小説や評論やエッセイといった本のジャンルなどなど、こうした本をめぐる情報を判断材料にしている可能性がある。本をめぐるさまざまな情報のことを専門用語では、パラテクストという。パラテクストは本を読むときの参考や手助けにもなるし、先入観にもなる。

ぼくたちが本を手に取るときには、すでにそういうパラテクストに触《ふ》れてしまっている場合が多い。しかし、本屋さんでまったくはじめて出会う場合もある。そのときには、ぱらぱらめくったページを拾い読みして、適度に知っていることやわかっていることが書いてあれば、買おうと思うだろう。このことを逆から言えば、適度に知らないことやわからないことが書いてあれば買おうとなるはずだが、「知らない」、「わからない」という否定的な感じを持ったときにはたぶん買わない人が多いにちがいない。どうしてだろうか。

それは、ぼくたちが本によって自分を肯定《こうてい》してほしいと思っているからではないだろうか。言い方を変えれば、ぼくたちは本によって自己確認をしたいと思っているし、もっと言えば、本によって自分の知っていることや考えていることを権威《けんい》付けしてもらいたいと、どこかで思っているからではないだろうか。ベストセラーになるような本には「どうしてこんな当たり前のことしか書かれていない本が百万部も売れるのだろう」と疑問に思わせられるものがある。それは、こういう心理によるものにちがいない。「読めばわかる」と思うからその本を買うという心理は、いくぶんかはこういう要素を含んでいるのだろう。これは、自己確認のための読書、過去形の読書と呼べそうだ。

自己肯定の欲望は、人が社会の荒波《あらなみ》の中で生きていくためには是非《ぜひ》必要なものだから、これは決して悪いことではない。自分がどこかで誰かに認められていると感じることは、大切なことだ。しかし、いつまでもそこでとどまっていては本を読むもう一つの楽しみはやってこない。その楽しみとは、新しい自分を発見することである。そう、未来形の自分を発見することである。それは成長することだった。

だからこそ、学校では未来形の自己肯定を促《うなが》す読書が奨励《しょうれい》されるのである。読書感想文の語り方がそれを象徴《しょうちょう》している。「ぼくはこの本を読むまでこういうことを知りませんでしたが、これからは自分からこういうことをやろうと思います」とかなんとか、読書感想文にはお決まりの書き方がある。本を読んで成長したと書けば、〈はなまる〉が貰《もら》えるわけだ。繰《く》り返《かえ》すが、学校空間は成長物語が好きだから、あるいは子供を成長させるのが学校空間の仕事だから、読書感想文にまでそれを求めるのである。これは皮肉ではない。成長を求めない学校空間は、ふつうはない。

この事実は、ぼくたちがともするとふだんは自己確認の読書に傾《かたむ》きがちなことを雄弁《ゆうべん》に物語っている。なぜなら、自分の知らない世界を覗《のぞ》いてそれまでの自分を否定されるような強烈《きょうれつ》な体験をするよりも、いまある自分をそのまま肯定してもらう方がぼくたちには心地良いからだ。そういう自己確認のための読書とは違った読書を行うから、教育になるのである。ふだんは自己確認のための読書、学校空間では理想の自分のための読書である。本の代価は、自己確認のための保証金であったり、未来形の自分への投資であったりするわけだ。

もちろん、これはちょっと極端《きょくたん》な言い方である。ふだんでも自分の知らないことや、未来形の自分を求めて読書する人は少なくない。そういう知的な好奇心《こうきしん》や見栄は、大切だ。問題は、読書がそれを実現してくれるのかというところにある。本はぼくたちを知らないところへ連れて行ってくれるのだろうか。これは、①「言葉によって知らない世界へ連れて行ってくれるのか」という問と、②「言葉によって言葉の届《とど》かない世界に連れて行ってくれるのか」という問とに分かれるだろう。①はよく経験することだ。ここでは、②について考えてみよう。

すべてのゴミはなくせる！

すべてのゴミはなくすことができる。そうなれば、環境問題《かんきょうもんだい》の一つは一気に解決だ。そんなすばらしい方法を考えた人がいる。名前は、赤瀬川原平《あかせがわげんぺい》。

赤瀬川原平は『老人力』（筑摩書房《ちくましょぼう》、一九九八・九）という奇妙《きみょう》なタイトルの本を書いた人である。ふつうは物忘れなどは「衰《おとろ》えた」と感じたり、そう言ったりするものだが、赤瀬川原平はそれは「老人力」という名の「力」がついたのであって、それはそれで便利なこともあるなどと、とぼけたことを言っている。こういう発想の逆転にこの人の面白さがある。

その赤瀬川原平はゴミをなくすためにどういう妙案を考えたのだろうか。そもそもゴミとは何だろうか。赤瀬川原平によると、こういうことになる。

ゴミというのは人間の作る人工物から出てくる。それをたとえば動物が見たらゴミでも何でもないのだろうが、それを人間が見るとゴミに見える。

（『背水の陣《じん》』日経BP社、二〇〇三・六）

なるほど。どうやら「人間」が「動物」になってしまえばいいらしい。と思うと、そうではないようだ。

長い自然の歴史、宇宙の歴史の中で、生物の中から次第《しだい》に人間というものが形成されて、その人間がゴミを吐《は》き出《だ》しはじめる。それを人間だけが、ゴミだゴミだといいながら、その人間世界が次第に崩《くず》れて人間が少しずつこの世から消えていくと、ゴミもこの世から消えてなくなっていく。

（前出『背水の陣』）

赤瀬川原平は恐《おそ》ろしいことを言い始めた。人間がこの世界から消えてなくなれば、ゴミもなくなると言うのだ。〈あるものをゴミと見るのは人間だけなので、人間が地球上から消えればゴミも消える〉と言うわけだ。そう言われればたしかにそうだけれども、考えようによってはかなり恐ろしい話だ。

しかし、実はこれは哲学的にはすでに「定説」になっていることなのだ。それはヴィトゲンシュタインという哲学者の説を、後に「言語論的転回」と呼んだもので、「コペルニクス的転回」をもじった言い方だ。ポーランドの天文学者コペルニクスは、宇宙が動いていると考える「天動説」に対して、動いているのは地球の方だと「地動説」を唱えて、それまでの宇宙観をひっくり返してしまった。十六世紀の出来事だったが、これが近代的な世界観の形成に寄与《きよ》した。「言語論的転回」はそれに匹敵《ひってき》する哲学上の「大発見」で、ポストモダン（近代以降、すなわち現代）の世界観の形成に寄与した。現在の社会科学は多かれ少なかれ、この「言語論的転回」の影響下《えいきょうか》にあると言っても過言ではない。
「言語論的転回」を一言で言えば、「世界は言語である」となる。ぼくたちはふつう世界がすでに存在していて、それを言葉によって（言葉を道具として）人に伝えていると考えている。しかし、これは「言語道具説」といういまや古くなった考え方なのである。「言語論的転回」では、ぼくたちは言葉を通してしか世界を理解することができないと考える。

ただし、この説明は厳密ではない。もう少し厳密に言えば、「言語論的転回」においては、言葉の先にモノとしての世界は想定されていないのである。ぼくたちはモノそのものに触れることさえできないと考える。「世界は言語である」と考えるのだから、言葉がすべてだ。妙な言い方をするなら、ぼくたちが生きている世界はすべて言葉で「汚《お》染《せん》」されているのである。言葉で意味が与《あた》えられているということだ。言葉が与えられていない物事は、存在しないに等しい。言葉の外には世界はないのである。ぼくたちはまるで言葉の世界に閉じこめられているようなものなのだ。

具体例を挙げて説明しよう。日本の医療現場では「抑制《よくせい》」という医学用語がよく使われていた。簡単に言えば、徘徊《はいかい》する患者《かんじゃ》をベッドに縛《しば》りつけることである。ところが、これは非人間的だと考えた医師がいて、その医師はそれまで「抑制」と書かれていた看護日誌に「縛った」と書かせたのである。そうすると、看護師に大変な抵抗《ていこう》が出てきた。もちろん、それがこの医師のねらいだったのである。「抑制」と書くと医療行為《こうい》の一つだと思えるが、「縛った」と書くと人間の自由を奪《うば》ったとしか思えなくなるのだ。そこで、その病院ではベッドに患者を縛り付ける行為が激減したと言う。

「抑制」と書こうと「縛った」と書こうと、行っていることは同じだ。しかし、言葉を変えることによって、看護師が行っていることの意味が変わってしまったのである。医療行為が自由を束縛《そくばく》する行為に変わってしまったのだ。たった一語の変更《へんこう》で、そのことが自覚できたのである。

いや、そうではない。厳密に考えよう。ある行為があって、それが「抑制」とか「縛った」とか事後的に名付けられるのではない。「抑制」という行為と、「縛った」という別々の行為があるのだ。「言語論的転回」の立場に立てば、そう考えるのが正しいはずだ。

　よく知られた例を、さらに二つ付け加えておこう。日本では雨のあと空にかかる虹《にじ》はふつう「赤、橙《だいだい》、黄、緑、青、藍《あい》、紫《むらさき》」の七色に見えるが、英語には「藍」に当たる一単語がないので六色に見えると言う。アフリカには三色や二色に見える部族もあると言う。これは優劣《ゆうれつ》の問題ではなく、色彩に関する語《ご》彙《い》が視覚という身体感覚を規定してしまう例である。また、ヨーロッパ文化《ぶんか》圏《けん》には「肩《かた》こり」に当たる言葉がないので、「肩こり」という病気（?）の状態がないらしい。「背中が痛い」と言うのだそうだ。「肩こりという言葉がなければ、肩はこらない」のである。これも言葉が身体感覚を規定する例だ。

　こういう例を知ると、ぼくたちは言葉を通してしか世界を理解できないと考えたのではまだ不十分で、「言葉が世界だ」と考えざるを得なくなってくるだろう。これが「言語論的転回」という考え方である。

「言葉が世界だ」とすると、言葉を使う人間がいなくなることは、「世界」がなくなることと同じだ。あるモノをゴミと呼ぶ人間がいなくなったら、そのあるモノは「ゴミ」ではなくなる。もっと言えば、「あるモノ」でさえなくなるだろう。なぜなら、「あるモノ」という理解の仕方もまた言葉だからである。こうして〈人間が地球上から消えれば、すべてのゴミも消える〉のである。なんと単純明快で、すばらしく恐ろしい方法だろうか！

言葉の外に世界はあるのだろうか

知らない世界へ行くことは言葉のない世界へ行くことだが、それは人間が生きている限りは不可能だというのが、「言語論的転回」から得られる結論だ。ところがぼくたちのテーマは、本を読んで言葉の届かないような知らない世界がどうして手にはいるのかということだった。本は言葉でできているから、これはとびっきりの難題である。何しろ「世界は言語だ」というのに、言葉によってぼくたちのまだ知らない世界に連れて行ってくれるのだろうかという問を抱えているのだから。

ひとまず言葉を離《はな》れて考えてみよう。

深い海に潜《もぐ》ったり、森の奥深《おくふか》くに行ったりすれば、まだ知られていない生き物や植物はいくらでもいそうだ。そうでなければ「発見」という事態は起きないはずである。それに、科学技術はそれまでこの世界に存在さえしなかったものを日々生み出している。これは「発明」という事態だ。たしかに言葉はそれらを名付けてぼくたちの世界に登録するが、それは「発見」や「発明」以後のことである。こうなると、まだ言葉に捉《とら》えられていないモノはたしかに存在するし、まだこの世界に出現さえしていない未来形のモノがある(?)と考えないわけにはいかなくなってくる。

ここまで確認してから、言葉の問題に戻ろう。

近代言語学の基礎を築いたのは、スイスの言語学者ソシュールだということになっている。ソシュールは「言葉とは「モノの名前」ではない」と主張した。この立場から見れば、いまぼくがたとえに挙げたようなモノと言葉との関係のとらえ方は「名称目録《めいしょう》的言語観」と呼ばれて、一時代前の言語観として退けられることになる。ソシュールを実にわかりやすく解説した内田樹《うちだたつる》は、こう言っている。

> しかし、この言語観は、いささか問題のある前提に立っています。それは、「名づけられる前からすでにものはあった」という前提です。たしかに私たちはふつうにはそう考えます。「丸くてもこもこした動物が来たので、アダムは勝手にそれを『羊《ひつじ》』と名づけた」というふうに。しかし、ほんとうにそうなのでしょうか。「まだ名前を持たない」で、アダムに名前をつけられるのを待っている「もの」は、実在していると言えるのでしょうか。名づけられることによって、はじめてものはその意味を確定するのであって、命名される前の「名前を持たないもの」は実在しない、ソシュールはそう考えました。
>
> （『寝《ね》ながら学べる構造主義』文春新書、二〇〇二・六）

「アダム」とは、言うまでもなく聖書の中の登場人物である。ここでは名づける存在である「神」にたとえられている。この引用部分の説明を読めば、特に後半が明らかに「言語論的転回」を踏《ふ》まえたものであることがわかる。これをさらに詳《くわ》しく述べたところから引用してみよう。

ソシュールは言語活動とはちょうど星座を見るように、もともとは切れ目の入っていない世界に人為的に切れ目を入れて、まとまりをつけることだというふうに考えました。

「それだけを取ってみると、思考内容というのは、星雲のようなものだ。そこには何一つ輪郭《りんかく》のたしかなものはない。あらかじめ定立された観念はない。言語の出現以前には、判然としたものは何一つないのだ。」(『一般言語学講義』)

言語活動とは「すでに分節されたもの」に名を与えるのではなく、満天の星を星座に分かつように、非定型的で星雲状の世界に切り分ける作業そのものなのです。ある観念があらかじめ存在し、それに名前がつくのではなく、名前がつくことで、ある観念が私たちの思考の中に存在するようになるのです。

（前出『寝ながら学べる構造主義』）

「言語論的転回」の立場に立つ限り、この説明は正しい。しかし、先に引用した説明から微妙《びみょう》に後退していることを見逃《みのが》してはならない。先の引用では「命名される前の「名前を持たないもの」は実在しない」と言っていた。これこそが、「言語論的転回」の説明そのものである。ところが、いま引用した一節では「名前がつくことで、ある観念が私たちの思考の中に存在するようになる」と言っているのだ。①〈名前がなければこの世界に存在しないも同然〉というニュアンスだった先の引用から、②〈名前がなければ私たちの思考に存在しないも同然〉という具合に説明が後退しているのである。①の立場に違和感《いわかん》を持つ人でも、②の立場ならば納得《なっとく》できるだろう。

ぼくはいま内田樹の説明がズレてしまっていることを責めようとしているのではない。実は、ぼく自身がこれまで何度も「言語論的転回」の説明をしてきたし、書いてもきた。しかし、心のどこかで納得できない部分が残されていることを自覚してもいたのである。その納得できない部分がいま明らかになったと言いたいのである。

なるほど、言葉は星雲状の宇宙に切れ目を入れて星座に仕立て上げるだろう。しかし、言葉は星雲状の宇宙のすべてに切れ目を入れることができるわけではない。それに、内田樹の説明では、星座になる前から星雲状の宇宙が存在したことになるではないか。言葉がぼくたちを連れて行ってくれるのは、星座になって名前を与えられた星たちの世界だけではないのだ。言葉を知れば知るほど、まだ名づけられない星雲状の宇宙があることを意識しないではいられなくなる。言葉が連れて行ってくれるのは、実はこうした言葉からこぼれ落ちた星雲状の宇宙へではないだろうか。言葉からこぼれ落ちた世界に、読書によって言葉を与えることは「世界の発見」だと言っていい。

このことは、日本で最も優《すぐ》れたヴィトゲンシュタイン学者であり、最も徹底《てってい》した「言語論的転回」論者でもある黒崎宏《くろさきひろし》の説明からも指摘《してき》することができる。

黒崎宏は言葉を使えるということは嘘《うそ》がつけることだと言っている（『言語ゲーム一元論』勁草《けいそう》書房、一九九七・一二）。難しく言うと、言葉の否定形が使えるということだ。たとえば誰が見ても「痛い！」と叫《さけ》びそうなときに「痛くない」と言えることが、言葉を使えることだと言うのだ。動物にはそれができない。動物もある種の「言葉」でコミュニケーションを取り合っていると言われているが、危険なときに「危険」という「言葉」を発することはあっても、危険なときに「危険でない」という「言葉」を発することはできない。これが言葉の否定形を使えないということだ。

ここまではよくわかる。しかし、その先に疑問がわいてくる。嘘をつくということは、その言葉の裏側に「嘘ではない現実」があるということではないだろうか。もしそうでなければ、その言葉が「嘘」だとどうしてわかるのだろう。そもそも、言葉はモノそのものではない。言葉の意味はその言葉から思い起こされるイメージでしかない。「犬」という言葉の意味は、犬そのものではなく、ぼくたちが「犬」という言葉から思い起こすイメージなのである。意味の受け取り方に個人差があるのは、こういう理由によっている。言葉はモノにピッタリ張り付いているわけではないのだ。だからこそ、「いぬ」は「犬」とも「ドッグ」とも言うことができるし、「いぬ」を指さして「これは猫《ねこ》だ」と嘘をつくこともできるのである。そして、言葉の向こう側に現実の「いぬ」が存在する、、。「嘘」の裏側に「嘘でない現実」が存在する、、ように、である。

自分はどこにいるのか

「言語論的転回」からはまだ得るものがある。それは、「世界は言語である」として、その世界を認識する主体は自分だという厳然たる事実である。ぼくたちが何かを認識したとき、ぼくたちはその何かの内部にいるだろうか。そうではないだろう。ぼくたちが何かを認識したとき、ぼくたちはその何かの外部にいるはずだ。

たとえば、自意識という言葉がある。これは、自分自身を意識することを言う。自分自身を意識するとき、その意識する主体は自分自身の内部にいるだろうか。そうではないだろう。自分自身を意識するときには、意識する主体は自分の外部にいるはずだ。これは、壇上《だんじょう》で「上がってしまった」状態を考えればよくわかる。「上がってしまった」時、ぼくたちは「何で自分はこんなところにいるのだろう」などと考えているものだ。そして、こう考えている自分は「こんなところ」にはいない。どこでもない場所で「こんなところ」を見ている。たとえば、地図を見て自分のいる位置を「ここ」だと知る自分は、地図上の「ここ」にはいない。地図の外部にいる。ちょうどそれに似ている。壇上にいる自分をもう一人の自分が見ている状態だと言っていい。

繰り返すが、意識するということは、そのものの外部にあるということだ。「言語論的転回」に従って「世界は言語である」としよう。しかし、その言語としての世界を認識するのは言語の外部にある自分という主体ではないだろうか。だとすれば、世界を認識する自分は世界の外部にいることになる。もちろん世界を認識した経験と情報はすぐさま世界の内部にいるもう一人の自分に送り込まれるのだが、認識したそのときには認識する主体としての自分は世界の外部にいる。そう、「世界は言語である」として、その外側にたしかに自分という主体が存在している、、、、、、ではないか。

ぼくたちの問は「本はぼくたちを知らないところへ連れて行ってくれるのだろうか」というものだった。答えは「イエス」だ。世界は言葉からこぼれ落ちている。本は言葉からできている。しかし、本がぼくたちを連れて行ってくれるのは、言葉からこぼれ落ちた世界へだ。そして、言葉からこぼれ落ちた世界の中心には「自分」が存在しているのだ。だからこそ、本を読むあなたは世界の中のどこにもいないのである。

ということは、ぼくたちが一番知らないのは自分についてだということになる。そこで、本という鏡を通して自分を映してみたり、さまざまな工夫《くふう》をしてみたりするのである。しかし、知ろうとすればするほど自分は自分から遠ざかっていく。逃げ水のように。ヴァレリーというフランスの詩人は、「いま文字を書いている自分、を意識している自分、を意識している自分、を意識している自分……」という具合に、七階層まで「意識している自分」を意識できたと書いていた。世界の外部にいる自分をどこまでも追いつめていこうとしたのだろう。めまいがしそうな試みだ。

けれども、読書はこのめまいがしそうな試みとどこか似ている。もし、本を読むことが「自分探し」だとしたら、こういう意味においてでなければならない。そこには、まだ言葉にならない、そしてあなた自身も知らない未来形の自分が待っている。「この世の中で自分の生き方を見つける」のが「自分探し」だと思っている人がいたら、甘《あま》い甘い。「自分探し」とは、言葉からこぼれ落ちた世界の果てまで「自分」を追いかけていく試みなのだ。

第二章　小説とはどういうものか

『電車男』は文学か

本を読む前にずいぶんいろいろなことを考えてしまった。そろそろ本を読み始めよう。第二章と第三章では、文学を読む場合について説明を試みてみよう。この第二章では、主に過去形の読書について考えてみたい。次の第三章では、それがどうして未来形の読書になるのかについて考えてみたい。

ぼくたちが本を読むとき、いろいろなことを期待している。なぜ期待するのかと言えば、それは事前にさまざまな知識があるからだ。それをパラテクストと呼ぶことは、前に述べた。パラテクストがまったくない、ゼロの状態で本と出会うことはない。そもそも、本を手にするときには、もうそれが「本」だとわかっているはずである。

ここで、この点についてちょっと小難しい言い方をした文章を引用しておこう。

文学作品は、新刊であっても、情報上の真空の中に絶対的に新しいものとして現われるのではなく、あらかじめその公衆を、広告や、公然非公然の信号や、なじみの指標、あるいは暗黙《あんもく》の指示によって、全く一定の受容をするように用意させている。

（ヤウス『挑発《ちょうはつ》としての文学史』轡田収《くつわだおさむ》訳、岩波書店、一九七六・六）

何も情報がないところに新刊の文学作品がポンと出現するのではなく、すでにパラテクストに囲まれて現れるのだと、ヤウスは言っている。最後の「全く一定の受容をするように用意させている」とは、小説は小説らしく読むようにすでに用意されているという意味である。具体的には、小説に書かれている内容は「事実」ではないと受け取るように準備されているということである。

もう一つ言えることは、ぼくたちがその本が小説だとわかるのは、パラテクストによってすでにそういう情報を得ているという以外に、それまでに読んだ小説に似ているからでもある。しかし、「事実は小説よりも奇《き》なり」であって、あっと驚《おどろ》かされる事例が出てくることがある。現実は理論のいうことを素直には聞いてくれないものだ。

少し前に中野独人《なかのひとり》というペンネーム（?）で『電車男』（新潮社、二〇〇四・一〇）という本が刊行されて、百万部を超《こ》える大ベストセラーになったことがあった。映画にもなり、テレビドラマにもなった。ところが、この本はインターネット上の掲示板《けいじばん》「2ちゃんねる」のあるスレッドをほぼそのまま本にしたというふれこみだったために、「いったいこれは文学なのか?」という議論が起きたのだった。仮に『電車男』のストーリーをごく簡単にまとめると、「電車男」と名乗る人物が「エルメス」と名づけた女性と結ばれるまでの実況中継《じつきょうちゅうけい》であって、それに多くの人が書き込《かこ》みで応援《おうえん》したという感じの作りになっている。

ためしにこれが文学ではないという要因を挙げてみよう。

「作者」が不明だし、そもそも実在するのかどうかもわからないところ。しかし、これが『電車男』が文学でないという条件になるのならば、中世に成立した『平家物語』や説話文学なども「作者」がわからないのだから、文学ではないということになってしまう。あるいは、「作者」が複数だというところ。しかし、これが文学ではないという条件になるのならば、複数の人間が参加して成立する連歌なども文学ではないことになってしまう。……とまぁ、いつまで続けてもきりがない。要するに、『電車男』のスタイルがこれまでのどの小説と似ていなかったとしても、これが文学ではないという証明などできはしないのである。

その昔、ロシア・フォルマリズムという文学研究者の運動体が、文学には「文学性」という本質があると主張したことがあった。しかし、これはあっさりと失敗に終わった。何が文学の本質なのかが取り出せなかったのである。

たとえば、江戸時代に「文学」だと考えられていたのは和歌と漢詩だけである。しかし、いまは井原西鶴《いはらさいかく》の浮世草子《うきよぞうし》も滝沢馬琴《たきざわばきん》の戯作《げさく》も文学として読まれ、研究されている。

明治のはじめに坪内逍遙《つぼうちしょうよう》が、日本の戯作が、西洋では「文学」の一つとされている「小説」に似ているから、この戯作を「改良」して「小説」にしようと試みたのがきっかけとなって、日本でも「文学」の幅が広がったのである。結局いまは、文学とはその時代その地域で文学だと考えられているものが文学だと捉《とら》えるしかないという結論になっている。文学はかくかくしかじかのものであると定義されていない以上、文学でないという証明ができるはずもなかったのである。

『電車男』も文学だということで議論は落ちついたようだ。はっきりと「純愛小説」と呼んだ人もいる。たぶん、理由は三つだろう。一つは、この時点では「2ちゃんねる」がまだ物珍《ものめずら》しかったので、覗《のぞ》き見《み》的な興味を引いたことである。もともと、小説というジャンルは新しいことを伝えるのが任務だったのである。もう一つは、『電車男』がもたらす感動がそれまでの文学がもたらす感動と似ていたからである。実際、本の帯には「純愛物語」と書いてある。ノンフィクションに対して「文学的だ」という誉《ほ》め言葉を使う人がいる。それは、そのノンフィクションの与《あた》える感動が文学がもたらす感動と似ているからである。「文学は〜である」というはっきりした定義ができない以上、似ているか似ていないかで判断するしかないわけだ。

三番目の理由は、この『電車男』の出版社が日本で一番文芸出版社らしい文芸出版社であって、しかも大手で名のある新潮社だったからではないかと、ぼくは思っている。これが文芸ものの出版の実績がない小さな出版社だったら、際物扱《きわものあつか》いされて終わりだった可能性が高かったのではないだろうか。その意味で、この事例でもパラテクストが利《き》いていたとぼくは考えている。文学の外部の情報、すなわちパラテクストは意外に重要な働きをしているのである。

結局、『電車男』はいくつもの可能性の中から、文学に似せて作られ、文学に似せて編集されていたのである。実際、ストーリーラインから外れる書き込みはカットされている。だから、『電車男』は「純愛物語」を読もうとする読者の期待を裏切らなかった。

ところがその「文学とは何か」という問にぼくたちは答えることができないのだ。不思議な事実だが、世の中のあらゆるものはこうして「そのもの」として理解されているのではないだろうか。置物のようにも見えるが、置いてある場所が公園だし、座るのにちょうどいいから「オブジェ」でなくて「椅子《いす》」と理解しよう、という具合に。

物語の四つの型

ヤウスは「読者の期待の地平」という概念《がいねん》で文学を考えることを提案している。実は、これがこの章の勘所《かんどころ》なのである。この概念自体は簡単に説明できてしまうのだが、その前に「物語には型（パターン）がある」ということについて、それなりの説明が必要だ。これはぼくがこれまでにも別の本で書いたことがある説明だが、是非《ぜひ》必要なので繰《く》り返《かえ》しておこう。

物語の型は、大きく分けて四つある。それを図にしておいたので見てほしい（54頁）。「内」「外」とあるのは、ぼくたちのいる場所（位置）との関係のことである。「内」はぼくたちのいる場所、つまりこちら側である。秩序《ちつじょ》のある場所と言ってもいい。「外」はぼくたちのいない場所、つまり向こう側である。秩序のない場所と言ってもいい。

「境界領域」とは、「内」と「外」との間の不安定な場所で、一般的《いっぱんてき》には事件の起こりやすいところである。

たとえば、旅行を考えると、出発地点が「内」で、目的地が「外」になる。そして、実際の旅行の過程が「境界領域」となる。「境界領域」で事件が起こりやすいことは容易に想像できるだろう。だから、物語は「境界領域」を好んで書くのである。無事ゴールできれば、それでハッピーエンドである。

もう少し、高級な例を挙げよう。子供が大人に成長する過程だ。物語は大人によって書かれるから、「大人」の位置が「内」になり、「子供」の位置が「外」になる。もっと簡単に言えば、大人にとっては自分たちは「理性のある大人」で、あの人たちは「わけの分からない子供」だと感じられるということだ。子供が大人に成長する過程では、「境界領域」とは「青春時代」を指す。「青春」とは、「子供」でも「大人」でもない時代だからだ。そして、個人の成長の過程では、秩序があるようなないような「青春時代」という不安定な時期に、事件が起こりやすい。だから、「青春時代」を書いた小説は多い。

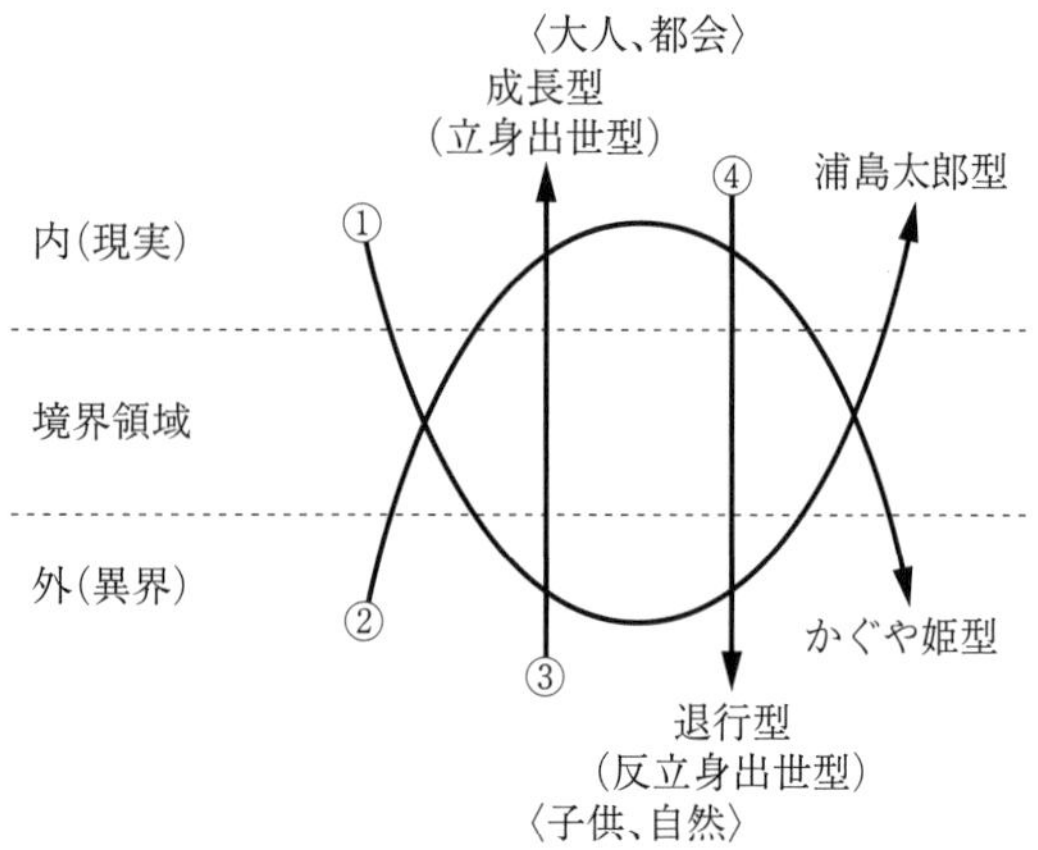

物語の型

この三つの領域を主人公が移動するのが、物語である。そして、その物語の型は四つある。

一つ目は浦島太《うらしまた》郎《ろう》型で、地上のある村（内）から海の中の竜宮城《りゅうぐうじょう》（外）に出かけて行って、再び地上（内）に帰ってくる物語である。〈内↓外↓内〉と、主人公が移動することになる。

二つ目はかぐや姫《ひめ》型で、月（外）から来たかぐや姫が竹から生まれて地球上（内）で生活し、再び月（外）に帰って行く物語である。今度は、主人公は〈外↓内↓外〉と移動することになる。ただしこの二つの型は、ある程度長い物語に現れる型である。現在ではファンタジーに多いが、ファンタジーは、現実世界（内）から幻想的な世界（外）へ行って、また現実世界（内）に戻《もど》る浦島太郎型が多い。

三つ目は成長型で、物語では最も多く、子供が大人へと成長する物語が一般的である。つまり、「少年が男になる物語」、「少女が女になる物語」である。たとえば、「田舎《いなか》（外）から都会（内）に出てきた少年が、さまざまな苦労をして一人前の弁護士になりました」というような物語がこの典型である。主人公は、〈外→内〉と移動することになる。この型は、都会で成功することや、立派な大人になることを価値があることだと考えているから、どこか通俗的《つうぞくてき》な感じがする。

四つ目はこの逆の退行型だ。退行とは、元いたところに戻ることである。大人から子供へ、都会から田舎へという移動になる。退行型には、成長型への批判が含《ふく》まれている。たとえば、「都会（内）での非人間的な仕事に疲《つか》れた猛烈《もうれつ》サラリーマンが、昔住んでいた田舎（外）の農場で自然に囲まれて暮らすうちに、子供の心を取り戻して、人間性を回復しました」というような物語である。成長して都会で成功するような一般的な生き方や人生観を批判しているのである。そこで、この退行型は成長型に比べて高級な感じを与える。

ぼくたちが多く目にするリアリズム小説（現実に似せて書かれた小説）は、主に成長型と退行型である。

「内」と「外」のように、二つの反対の意味の言葉を組み合わせて何かを表現し、理解することを二項《にこう》対立という。「善」と「悪」がそうだ。「これは善くて、あれは悪い」と言えば、それが二項対立だ。「心は高級だが、肉体は低級である」と言えば、それも二項対立だ。成長型の物語は、「子供は未熟で、大人になって成熟することがいいことだ」と、「子供」と「大人」、「未熟」と「成熟」の対立で考えているから二項対立である。退行型の物語も、「都会は非人間的で、田舎は人間的だ」と、「都会」と「田舎」、「非人間的」と「人間的」の対立で考えているから、二項対立である。

最後に、この図にはないが、はっきりした結末がなくて、この後どうなるかが読者に告げられていないまま終わる「オープンエンディング」という型があることを付け加えておこう。これは日本では明治四十年頃の自然主義文学最盛期《さいせいき》に確立された型だ。物語は「はじめ」で提示された課題が「終わり」で解決することで物語となっているわけだが、自然主義文学は、日常生活はそんなにうまい具合に結末を迎《むか》えるわけではないし、物事が解決するわけでもないと、物語を作りすぎることを批判して、日常生活を何気なく切り取ってきたようなはっきりしたはじまりや結末のない小説を好んで書いた。それが結果としてオープンエンディングという技法の確立につながったのである。いまでもオープンエンディングは少なくない。

何を期待して読むのか

ここで、二項対立によって成長型の物語と退行型の物語を分類し直しておこう。成長物語は一般に価値が高いとされる言葉（たとえば大人）を主題とする。この物語の結末では読者は「成功」を読むだろう。一方、退行型の物語のように一般に価値が低いとされる言葉（たとえば子供）を主題とすると、ぼくたちはそこに「失敗」ではなく、批評を読むだろう。この関係をまとめると次のようになる。

①「大人」を主題とする物語（通俗的な成長型の物語）で、「子供が大人に成長する物語」などとなる。これを、「1型の物語」と呼ぶ。

②「子供」を主題とする物語（批評を含む退行型の物語）で、「大人が子供のような自然を取り戻す物語」などとなる。これを、「2型の物語」と呼ぶ。

ここでヤウスに戻ろう。

ヤウスの「読者の期待の地平」という概念は、この「1型の物語」と「2型の物語」との関係を説明するために提出されたものだと言える。例によってヤウスの小難しい文章を引用しておこう。

ある文学作品が、出現した歴史的瞬間《しゅんかん》に、その最初の読者公衆の期待を満たしたり、超《こ》えたり、失望させたり、あるいは覆《くつがえ》す流儀《りゅうぎ》様式は、明らかに、その作品の美的価値決定の一つの判断基準となる。期待の地平と作品との懸隔《けんかく》、すなわち在来の美的経験ですでに親しんでいたものと、新しい作品の受容によって要求される「地平の変更《へんこう》」との懸隔が、受容美学的に文学作品の芸術性格を決定するのである。

（前出『挑発としての文学史』）

要するにこういうことである。

小説を読むとき、読者はさまざまな期待を持ち、予測を立てながら読んでいく。小説がそれらとどう関《かか》わるかということである。「期待の地平」通りに終わったとすれば、その小説は読者に新しい何かをもたらさなかったことになる。これは「1型の物語」に多い。一方、「期待の地平」が裏切られたとするなら、その小説は読者に新しい何かをもたらしたことになる。これは「2型の物語」に多い。ヤウスによれば、「期待の地平」通りに終わった小説は通俗的で美的な価値が低く、「期待の地平」を裏切って終わった小説は芸術的で美的な価値が高いと言うのだ。

なるほど、物語のはじめでは喧嘩《けんか》ばかりしていた男女がお互いを理解し合うようになって最後には結ばれるというような物語は「期待の地平」通りで、安心感はあるが、通俗的で既視感《きしかん》(どこかでもう読んでしまった感じ)に包まれている。それに対して、こういう男女が思わぬ結末を迎えると(ぼくには芸術的才能がないから、具体例が書けないけれども)、それはいかにも芸術的で高尚《こうしょう》な感じを与えることがある。

ヤウスはこういうことを「期待の地平」という言葉で語ることができると言っているのである。たとえば、『電車男』の形式は「期待の地平」をみごとに裏切っていたが、物語の展開はまったく「期待の地平」通りだった。だから、『電車男』を芸術度が高いと感じる人はいないだろう。『電車男』はいかにも通俗的な「純愛物語」なのだ。

もちろん、ぼくたちは新しい何かだけを求めて小説を読むわけではなく、いつも通りの安心感を求めて小説を読むことも少なくない。それも小説読みの立派な権利だ。特に心が疲れている時や傷ついている時には、新しい展開の小説にはとてもついて行けない。

「期待の地平」通りに終わる娯楽《ごらく》作品を読むことで、心を癒《いや》したいと思う。このあたりが、文学が美術や音楽といった他の芸術とは異なるところではないだろうか。

芸術度の高い、すなわち「期待の地平」を裏切る小説を読むことは一種の創造行為《こうい》に巻き込まれることであって、精神力と体力がいる。多くの音楽は聴《き》くだけで人を癒すし、多くの美術は見るだけで人を癒す、とぼくは感じる。しかし、それらは決して芸術度が低いわけではない。もちろん、心を波立たせ、ささくれさせるような音楽や美術もあるが、必ずしもそういう理由で芸術度が高いと感じるわけではない。これはあながちぼくの感度の違《ちが》いによるものだとも思えないのだ。

小説の言葉はどのように働くのか

ここで、小説というジャンルの意味について考えておこう。他のところでも述べたことがあるが、大切なことなので、言葉を変えながら改めて確認しておきたい。

小説の言葉はふだんぼくたちが使っている言葉とは違った働き方をする。いや、言葉に対するぼくたち読者の態度が、日常生活の言葉と小説中の言葉とでは異なっているのである。いまここに、「一太郎10」のCD-ROMのケースの包装紙に印刷されている文章がある。こんな具合である。

CD-ROMケースの包装を開封《かいふう》する前に、必ず使用許諾契約書《きょだくけいやくしょ》をお読み下さい。開封した時点で、契約に同意したものとみなされます。

あらゆる言葉は、仕事をしている。「明日、渋谷《しぶや》で五時に会おう」と言えば、それは「約束」という仕事をしている。時計を示して「これは時計です」と言っただけでも、「事実確認」という仕事をしている。こういう考え方を言語行為論というのだが、言語行為論を待つまでもなく、この文章が私たちに現実の「契約」を求めていることははっきりしている。正確に言えば、「開封」という行為が取りも直さず「契約」という行為になるのだと宣告《せんこく》している、その宣告という行為を行っているのである。

しかし、小説の言葉は読者に一切《いっさい》の現実的な行為を求めない。いや、それが小説であるという暗黙の了解《りょうかい》以外の「契約」は結ばないと言うべきだろうか。少なくとも、小説だという「契約」が読者との間で成り立てば自由な解釈《かいしゃく》が許されるのが、小説の言葉なのだ。小説に「窓を開けてください」と書いてあっても、ぼくたちは窓を開ける必要はない。意味さえ読み取れば、それですむ。「泣ける小説」を読んで泣いても、それは小説のストーリーや表現が泣かせるのであって、文中に「泣きなさい」と書いてあるから泣くわけではない。小説の言葉は、読者が現実からは独立した「世界」を作り上げるためだけにある。それが、小説というジャンルに関する約束事である。

ただし、この前提は絶対に守らなければならないルールではない。小さい子供のように「本当に起こったこと」だと思って感動してもいっこうにかまわないのだ。ただ、この前提は近代社会の大人の間では普通に通用するルールだと言っていい。あまりに当たり前すぎることかもしれないが、小説の言葉が日常の言葉とは違うことも、それは現代社会のルールにすぎないことも、忘れられがちな事柄なので、改めて確認しておく価値はあるはずだ。

小説の読者の特別な位置

ここで、小説の言葉と日常の言葉が近接してしまうような事例を見ておこう。辻仁成《つじひとなり》に『そこに僕《ぼく》はいた』というタイトルの、少年時代から青年期までのエピソードを綴《つづ》ったエッセイ集がある。その中にエッセイ集のタイトルにもなった『そこに僕はいた』という小品が収められている。たぶんエッセイとして書かれ、エッセイとして読まれることを期待しているのにちがいないが、どうやら物語としても読まれている気味合いがある。それは、この小品の構造に理由があるように思えるのだ。

『そこに僕はいた』は、「僕」と「あーちゃん」という片足が義足の少年との交渉《こうしょう》を書いたものだ。「僕」は時に「あーちゃん」と遊ぶことを迷惑《めいわく》と感じながらも、彼《かれ》と遊ぶのを止《や》めることができない。やがて、「あーちゃん」が義足になった理由を聞く。「あーちゃん」は一匹《ぴき》の子猫《こねこ》を助けようとして電車にはねられたのだった。「僕」は「あーちゃん」がとても好きになって、彼の義足に触《さわ》らせてもらったところで物語は終わりを迎える。「友情」の成立という結末で、その意味ではいかにも「期待の地平」通りの小説である。

ところで、この小品にはちょっとした工夫がなされている。最後に「PS.」とあって、後日談が書き込まれているのだ。こんな具合である。

余談になるが、僕はその後一度だけあーちゃんの義足を叩《たた》かせてもらったことがある。こんこんというかわいた木の音がした。叩いたあと、彼の顔を急いでみると、例の笑顔でニコニコ笑っていたのだ。

今、彼はどこの街を歩いているのだろう。僕はいまだに、あの義足の感触《かんしょく》が忘れられない。

ここで注意すべきことは、この「PS.」によって、このテクストにおける時間が三層になるということである。

一つは、いうまでもなく本編の時間を規定する物語の現在。「僕」と「あーちゃん」が実際に関わり合っていたその時である。時制からいえば、過去ということになる。物語はいつも過去の出来事を語る。それが物語というジャンルの宿命だ。二つは、「PS.」の中に書かれた事柄《ことがら》、つまり「その後一度だけあーちゃんの義足を叩かせてもらった」その時である。そして三つは、「今、彼はどこの街を歩いているのだろう」という感想を持っている「今」である。こうした操作によって、このテクストはエッセイから離陸《りりく》して、小説に近づくだけの構造を持つことになった。

二つ目の「その後」の時間については、文字通り後日談と考えればよいのだから、本編の結末部で物語られた「あーちゃん」と「僕」との間で成立した「友情」がその後も保たれていたという以上の特別な解釈の必要はないだろう。問題は、三つ目の時間である。いったいここで記される「今」とか「いまだに」とは何時《いつ》の時点を指すのだろうか。

単純に考えれば、辻仁成がこのテクストを書いている「今」である。エッセイとして読むのならばそれでいいはずである。ジャンルはただの分類のための目印ではない。それは、そのテクストに対する読者の態度を規定する。エッセイでは、筆者は「嘘《うそ》」はつかないはずだし、書き手はすなわち筆者の固有名詞とダイレクトに結びつく。読者はふつうそう考える。

『そこに僕はいた』はたぶんエッセイとして書かれたのだろう。しかし、このテクストを物語や小説として扱っていけない理由はない。事実、国語教材としては物語として読まれている。そこで、こういうことが起きる。それは、解釈の自由度が飛躍《ひやくてき》的に増すということだ。

もし、このテクストを国語の教科書用に教材化するとして、エッセイとして扱う場合にはこのテクストと辻仁成という固有名詞とを切り離《きはな》すことはできない。そして、それが解釈の幅《はば》を規定する。しかし、物語や小説として教材化する場合には、このテクストと辻仁成という固有名詞とを切り離すことができる。というより、いったんは切り離すことが前提となる。それが小説を読むときの約束事なのだから。小説に「わたしは人を

「殴《なぐ》った」と書いてあっても誰《だれ》も作者が実際にそうしたとは思わないし、「桜《さくら》が好きだ」と書いてあっても作者が桜が好きとは限らないと読むのが、小説を読むときの約束事なのである。

そこで、辻仁成は「筆者」から「作者」となり、テクストから一歩身を引く。さらに、実際の解釈においては、「作者」はさらに「語り手」にまで後退する。つまり、実体としての重みを剝《は》ぎ取《と》られ、「語り手」という〈いま・ここ〉で語る、姿も形もない主体に抽象化《ちゅうしょうか》される。それが、解釈の自由度を保証するのだ。小説は姿形を持たない「語り手」が〈いま・ここ〉で語っているかのように読むのが、約束事だ。

その時、奇妙《きみょう》なことが起きる。「P.S.」に書き込まれた「今」や「いまだに」という第三の時間が、現実の時間を離れて宙に浮くのだ。エッセイとして読むならば、「今」や「いまだに」は筆者がこのテクストを書いたその時、つまり時間軸《じく》の中で限定された一点であるその時に限定される。しかし、小説として読むならば、そういった現実の時間から自由になり、任意の時を選択《せんたく》できるようになるのである。それは、読者が読むその時、の時でもかまわないはずである。と言うよりも、言葉が〈いま・ここ〉で語られているかのように読むのが、小説というジャンルの約束事だった。重要なのは、そのような「今」がこの文章に組み込まれているということだ。

　繰り返すが、エッセイで書かれる過去は過去のある時点に固定される。だとすれば、「今」や「いまだに」が宙に浮き、あるいは読者の現在に接続してしまうとき、このテクストは小説に近づいていると言える。そこに現れるのは、読書行為を通して作り上げられた幻《まぼろし》の全体像である。なぜそれが全体像なのかと言えば、テクストを読む「いま」が時間の最先端《さいせんたん》にあり、その時点からテクストに書き込まれたすべての時間を振《ふ》り返《かえ》り、すべての出来事をその「いま」の時点から意味づけることができるからである。

　もちろん、本当の全体に読者が到達《とうたつ》することはあり得ないし、そもそも誰にでも共通する全体など存在しない。全体像は個人個人で異なるのだから。しかし、小説の読者は、語り手が語る「いま」を小説を読む「いま」に引きつけがちである。その結果、物語の内容として語られた「過去」と読者が小説を読む「いま」との距離《きょり》が開き、解釈の自由度が高まる。『そこに僕はいた』では、語られる「いま」がはっきりと現れていることで、この距離の遠さが特に意識させられているのである。その結果、読者は「自分は「いまこの時点」から遠い過去の全体を振り返る視点を手にしている」という幻想を持つことになるのだ。

そこで、テクストの外部の現実の時間と小説の内部のフィクションとしての時間との混同が起きやすくなる。読者は、小説の内部の出来事が「いま」起こっているのだと勘《かん》違《ちが》いしてしまうのである。もちろん、そういう勘違いの起きない小説はすぐれた小説ではないかもしれないが、勘違いはあくまで勘違いである。そして、この勘違いの中に小説の読者がいる。つまり、ありもしない「いま」の中に自分がいると思ってしまうのだ。しかし、繰り返すがそれは勘違いなのだから、本を読む読者は世界の中のどこにもいないのである。エッセイではこういう勘違いは起こりにくいだろう。エッセイの言葉はいつも「著者」の元に帰って行くからだ。小説の読者は世界に対して特別な位置を占めているようだ。

なぜ、小説は人を癒すのか

小説の読者が手にする「全体」とはどういうものなのだろうか。そのことについて、考えておこう。

改めて確認しておこう。エッセイというジャンルでは、書かれた内容とそれを書いた筆者の固有名詞とが強固に結びつく。たとえば、阿川佐和子《あがわさわこ》さんの生活と意見を聞こうと思って彼女《かのじょ》のエッセイを読む読者は少なくないだろう。つまり、エッセイの読者は、書かれた内容を理解したり解釈したりするときに筆者にまつわる情報に強く拘束《こうそく》されるので、自由になれないのである。それは、書いてあることはホントのことだという前提があるからである。

しかし、小説の読者は書いていることはホントのことだと思わなくてもいいことになっている。そこで、小説の読者は、作者のことは忘れて、自分の好きなように解釈できる自由を手にすることができるのだ。この自由に解釈できるポジションが、過去に起きた物語の全体をすでに知っている「いま」というポジションと重なるのだった。これがフィクションを読むということの意味である。

ところが、小説を読んだ子供はすぐに「これホントにあったことなの？」と聞くだろう。そして「作り事」だと知ると、がっかりするだろう。実は、フィクションをめぐる約束事は結構高級なのだ。「作り事」だとわかっている「お話」に感情移入することが読書の喜びになるためには、読者が自由に自分の世界観を持っていいのだと考える「個人主義」の成立が深い関わりを持っているように思う。もう一つ前提がある。読者が自由に読めるということは、小説には「完成した形」とか「完全な形」がないという前提である。ということは、小説はいつも「未完成品」なのだろうか。

文学理論では、読書という行為について考える理論を「受容理論」と呼ぶ。英語で書かれた文学理論書を多く翻訳《ほんやく》している大橋洋一《おおはしよういち》は、受容理論について次のように述べている。

受容理論の観点からみると（中略）、読者とは、限られた情報から全体像《ゲシユタルト》をつくりあげること。これを読者と作者との関係からいうと、読者は作者からヒントをもらって、自分なりに全体像をつくりあげるといっていいかもしれません。

（『新文学入門』岩波書店、一九九五・八）

ここで言う「全体像《ゲシユタルト》」とは、音楽の音階を考えるとわかりやすい。「ドレミファソラシド」の音階はピアノの右側の高い音で弾《ひ》いても、左側の低い音で弾いても同じように聞こえる。あるいは、ギターで弾いても同じ「ドレミファソラシド」に聞こえるだろう。絶対音や音の種類が違うのに不思議な現象だ。こういう現象について、人間には「ドレミファソラシド」という音階を「全体像《ゲシユタルト》」として認識する能力があるので、たとえどの音階でもどんな種類の音でも、一つ「ミ」という音を聴いただけでそれが「ドレミファソラシド」のどの位置にある音かがわかると考えるのが「全体像《ゲシユタルト》心理学」なのである。

いまの引用に戻れば、受容理論とは「文学作品というものを、完成したものではなく、どこまでいっても未完成なものであると考え」る（傍点大橋）ことになる。あたかも「塗《ぬ》り絵《え》理論」のようなものだと言うのである。「塗り絵理論」とは、読書行為はたとえば線で書かれただけの「未完成」な人形の絵を、クレヨンで色を付けて「完成」させるようなものだとする考え方である。

ここで注意すべきなのは、読者は「全体像《ゲシュタルト》」を名指すことができるということである。たとえば、上のような「図」（?）

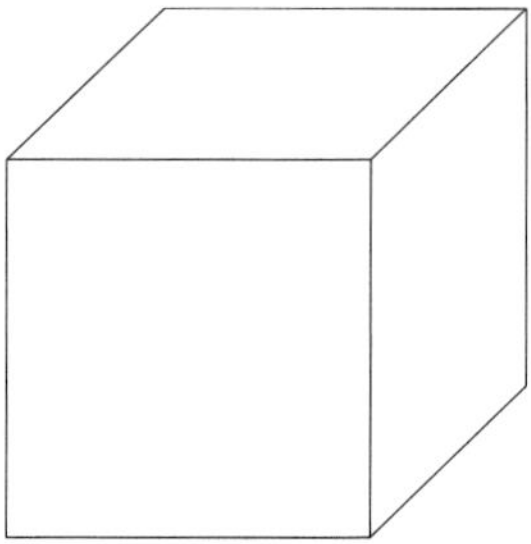

を見てほしい。これは何だろうか。多くの人は「立方体」と答えるだろう。だが、なぜ「九本の直線」と答えてはいけないのだろうか。もちろんそう答えてもいいはずなのだ。にもかかわらずこの「図」を「立方体」と答えてしまうためには、二つの前提が想定できる。

一つは、僕たちの想像力がこの「図」の向こう側に回って、「九本の直線」に奥行《おくゆ》きを与えているということだ。想像力は「全体像《ゲシュタルト》」を志向するのである。二つは、そのような想像力の働かせ方をするのは、僕たちがあらかじめ「立方体」という「名」を、つまり「全体像《ゲシユタルト》」を知っているということだ。先の例でも、「ドレミファソラシド」の音階を知らない人に「ミ」だけ聴かせても、「ドレミファソラシド」という「全体像《ゲシユタルト》」が浮かび上がってくるはずはない。

目の前にある小説が「未完成」であるとか「一部分」であるとか感じるためには、読者に「全体像《ゲシユタルト》」がなければならないのである。つまり、読者は「全体像《ゲシユタルト》」を知っているという二つ目の前提が、読者は「全体像《ゲシユタルト》」を志向するという一つ目の前提である想像力の働き方を規定していると言える。そこで、この原理を受容理論に応用すると、「作品」とは読者が自分自身に出会う場所」であって、「読書行為とは、読者が自分自身をたえず読んでいくプロセス」（大橋洋一）だということになるのである。なぜなら、読者が持っているすべての情報が読者ごとの「全体像《ゲシユタルト》」を構成するからである。

こう考えると、読書行為にはたとえばロールシャッハ・テストのように、より多く読者の「顔」が映し出されている。ロールシャッハ・テストとは、インクのシミのような感じのたぶん意味のない図（?）を見せて、それが何に見えるかを答えさせて心の状態を探る心理テストである。つまり、「未完成」のものを見せてそれを心理テストを受ける人がどういうふうに「完成」させるかによって、心理状態を探ろうというのである。最近はロールシャッハ・テストの信頼性《しんらいせい》は揺《ゆ》らいでいるが、受容理論の説明モデルとしては有効だ。

そう言えば、ぼくたちはこれまで多くの小説を、「成長の物語」とか、「喪失《そうしつ》の物語」とか、「和解の物語」といった類《たぐい》の、ぼくたちがすでに知っている「物語」として読んで来たのではなかっただろうか。つまりこういうことだ。小説にとって「全体像《ゲシュタルト》」とは実は既知《きち》の「物語」なのである。つまり、もう終わった物語なのである。小説を読むことは、心理的には何かを復習する時の安心感をぼくたちにもたらす。だからこそ、ぼくたち読者は安心して小説中の時間の頂点に立って、小説が読めたのである。

こう考えれば、小説の読者とは、世界の外部にいて、世界を知る自分だと言える。それはあたかも「神」のようなポジションである。その上に、物語の中で展開する内容に

「期待の地平」通りの既視感があれば、読者はすっかり安心するはずだ。読み始めたときから「この物語の結末はもう知っている」と思うだろう。読み始めたばかりの小説なのに、もう全部知っているのだ。知らない世界を知っているという逆説がそこにはある。読者は知らない道を歩いて、知っているゴールにたどり着く。『電車男』だってちゃんと思っていた通りのハッピーエンドを迎える。読者は期待と安心の両方を同時に手にすることができるのだ。そこには、適度なスリルと、適度な安心感がある。だから、小説は人を癒す。

第三章　読者はどういう仕事をするのか

小説は穴ぼこだらけ

かつて国民作家だった夏目《なつめ》漱石《そうせき》が日本の英文学研究の創始者の一人だったことは、意外に知られていない。夏目漱石は作家になる以前には一人の英文学者だったのである。多くの学問がそうであったように、東京帝国大学では英文学もはじめは外国人（たとえば、小泉八雲《こいずみやくも》＝ラフカディオ・ハーン）に任せるしかなかった。しかし、当時の文部省は夏目漱石をイギリスに留学させ、日本人としてはほとんど最初の英文学者に仕立て上げたのである。

その英文学者時代の講義をまとめた『文学論』で、漱石は興味深いことを言っている。科学は因果関係のはじめから終わりまですべてを隙間《すきま》なく語れなければならないが、文学はそうではないというのだ。では、文学言語は何に答えるのか。文学言語は「Why」（なぜ？）という疑問に答えなければならない、と漱石は考えたようだ。何か起きたとき、「なぜ？」と問うたとしよう。つまり、「原因は何か？」と問うたとしよう。そのとき、答えは一つに決められるのだろうか。

黒崎宏《くろさきひろし》が面白いことを言っている。地震《じしん》で家が倒壊《とうかい》した。ところが、その原因は一つには決められないと言うのだ。家が倒壊した原因は「地震のため」と答えることもできるし、「家の造りが弱かったから」と答えることもできるし、あるいは「地球に重力があったから」と答えることさえできるはずなのだ。すなわち「「原因」として何を挙げるかは、**客観的**に決まっている訳ではない、という事を物語っている。「原因」として何を挙げるかは、基本的には、それに係わる**人間の問題意識**に依存《いぞん》するのである」（『ウィトゲンシュタインから道元へ』哲学書房、二〇〇三・三、ゴチック体原文）。

漱石は、何を「原因」として挙げるかは「好み」の問題だと考えた。それを真っ当な「原因」だと判断するかどうかは、まさに読者の側の問題なのだ。漱石は「所謂《いはゆる》文芸上の真は時と共に推移するものなるを忘るべからず」とも言っている。この「真」はいまなら「リアリティー」（ほんとうらしさ）と言《い》い換《か》えることができるから、「リアリティー」を支える読者の「好み」は時代によって違《ちが》うものだと言っていることになる。小説ならば、そこに挙げられた「原因」がリアリティーを持つか否かは、その時代の読者の「好み」に委《ゆだ》ねられるのである。

文学は科学のように隙間なく「事実」を説明する学問ではなく、むしろ隙間を読者の「好み」によって埋《う》める娯楽《ごらく》なのである。それが、文学に対する読者の仕事である。文学は読者が自らの仕事を果たすことによって文学たり得ていると言える。だから、文学は多義的であってかまわないし、断片的《だんぺんてき》であってもかまわないのだ。いや、そうあるべきなのだ。それを縫《ぬ》い合《あ》わせ、一つの「物語」に織り上げるのが読者の仕事なのだから。これが、漱石の考える文学の自由である。そして、これが漱石がイメージする文学である。

小説の言葉はもともと断片的で隙間だらけのものだということだ。小説の言葉が世の中のことを余すところなく書くことができるのなら、どんな読者でもみな同じようにしか読めないことになってしまう。しかし、もともと小説の言葉にはそういうことはできはしないのだ。いや、言葉にそれができないことは第一章で確認した通りである。

夏目漱石は「ある人の一日を知るには、一日分の活字を読まなければならない」という意味のことを言っているが、もちろんこれは言葉の綾《あや》であって、実際には一日中活字を読んでもある人の一日を十分に理解できるわけではない。逆に、場合によっては「今日一日なにもなかった」という味も素っ気もない一文だけで、十分にその人の一日を伝えることもできるだろう。ここでは、言葉の隙間こそが重要な働きをしていると言える。小説の言葉とは不思議なものなのだ。

たとえば、断片的で隙間だらけなのにあたかも出来事が連続しているように見せかけることは、つまり部分を全体に見せかけることは、小説という芸術にとってまずはじめにやらなければならない事柄である。小説は長い時間をかけてそういう技術を鍛《きた》えてきた。試みに、次の文章を読んでみてほしい。

朝九時に起きると、僕《ぼく》は歯を磨《みが》いてから朝食をとって、急いで玄関《げんかん》を出た。

どこかの小説にでもありそうな何の変哲《へんてつ》もない文章だが、こんな文章でもいくつかの問題を孕《はら》んでいる。

この文章は、朝起きてから出かけるまでの出来事が、順を追ってごく普通《ふつう》に書いてあるように読める。しかし考えてもほしいのだが、これだけのことがもし仮に連続して起きていたとしたら、この人物は玄関に蒲団《ふとん》を敷《し》いて歯ブラシをくわえたまま寝《ね》ていて、かつそのまま玄関であらかじめ準備の出来ていた食事をとったことになる。その上、背広姿で寝ていたとでも言うのだろうか。

そんなバカなことは普通やらないというぼくたちの常識が、この文章を不自然には見せないのである。読者は、この文章に書かれなかった多くの動作――蒲団から出るとか洗面所に行くとか朝食を作るとか着替《きが》えるとか、そういう動作を自分の経験に照らして補って読む。つまり、知らず知らずの間に、言葉の隙間を埋めているのである。ぼくたち読者は、意識せずに実に多くの仕事をしているのだ。その結果、断片的で隙間だらけの文章が連続しているかのように感じられるのである。

どうやら、小説の読者はよく仕事をする働き者でなければならないようだ。だが、それは小説の言葉が断片的で隙間だらけだからという理由だけではない。

作家は隠《かく》すことで読者から小説を守る

ここで、言葉の隙間の問題のヒントを得るために、古典がなぜ古典たり得るのか、つまり古典はなぜ時間による風化から守られるのかという問題について考えてみよう。

たしかに、時間は決して止まらず、どんな小説をも古くさせる。時間の経過はリアリティー（ほんとうらしさ）を奪《うば》うばかりでなく、書《か》き込《こ》まれた言葉や物事を理解できなくし、読者を小説から遠ざけるだろう。ここで、「いや、古典には時間を超《こ》えた普《ふ》遍性《へんせい》がある」などと甘《あま》っちょろいことを言うつもりはまったくない。古典が古典たり得《う》るのは、多くの読者による読み直しの努力の賜《たまもの》だからである。

たとえば、時間の経過によっていったん忘れ去られたからこそ、当時は常識だった事《こと》柄《がら》があたかも「新しい」読み方であるかのような新鮮《しんせん》さを感じさせることだってある。文学研究で行われる「注釈《ちゅうしゃく》」という作業の多くは、そういう「当時の常識」を「復元」する地道な仕事だ。時間による風化があってはじめて読み直しが可能になることに気づいてほしい。逆に、新しい時代の新たな読みが小説に新しい命を吹《ふ》き込《こ》むこともある。つまり、時間が小説を「新しく」することさえあるのだ。さまざまな偶然《ぐうぜん》によるところも少なくはないだろうが、そういうことをしてもらえる作品が古典となるのである。

しかし、これとは違った別の意味での時間による風化がある。それは、読者の解釈によって言葉の隙間が埋《う》め尽《つ》くされ、それ以上新しい読みを生まなくなることだ。そうなれば、誰《だれ》が読んでも同じ読み方しかできないことになる。それは、小説にとって死を意味する。そこで、小説の言葉が断片的で隙間だらけであることを知りつくした作者、すなわち小説の読者が「想像力」で次々と断片をつなげ、隙間を埋めるような勤勉家であることを知りつくした作者なら、言葉の断片性を上手に利用して読者を欺《あざむ》くことで、自分の書いた小説をこうした時間による風化から守ろうとするだろう。

すぐれた作者は、最も大切な宝物をみすみす見えるところに置いたりはしない。隠すのだ。小説家は自分の言いたいことを書くために小説を書くのではない。自分のもっとも言いたいことを隠すために書くのだ。もちろん、宝物が多く隠されている小説が古典の名に値する。素人《しろうと》の小説家はそのあたりのことを間違えて、一番言いたいことを書いてしまうものだが、プロの小説家はそんなヘマはしない。なぜなら、一番言いたいことを書いてしまったら、一編しか小説が書けないからだ。

実際、現代の古典とも言える夏目漱石の小説の研究をしていると、もう百年も前に書かれた小説なのに、そして個々の小説について多い場合にはこれまで五百本以上の論文が書かれているのに(高校国語の定番『こころ』の場合がそうだ)、いまだにドラスティックな読み換えが起きたり、小説の細部について新たな解釈が現れ続けたりするのを見ることになる。その中のいくつかは、新しい時代が読ませた新しい読みで、そんな風に読まれることは、たぶん漱石自身も予想だにしなかっただろう。しかし、その中のいくつかは、はじめから小説に埋め込まれていた宝物を百年かかって探し当てたようなものなのだ。こちらの方は、きっと漱石も「やっとわかったのかい？」とニヤリと笑っているに違いない。

では、作者はどうやって宝物を埋め込むのだろうか。その一つの方法は、肝心《かんじん》の事柄を省略して書かないことである。宝物を埋め込むと言うより、穴だけ掘《ほ》ってあると言うべきだろうか。読者は「ここには何が埋めてあるのだろう？」と、中を覗《のぞ》き込《こ》むことになるだろう。もっとも、不注意な読者は穴に気づかずに落ちる。いや、落ちるならまだいい方で、気づかずに通り過ぎてしまう。そういうことが何年も続いて、はじめて自分が「ここに穴がある！」と言える「発見」の喜びは何物にも換えられない。では、何が埋まっているのか。たぶん、何も埋まってはいない。読者は「好み」の宝物を自分で「発見」すればいいのだ。

文学テクストの内部にいる読者

これは現代の受容理論でもきちんと説明されていることだ。今度は、イーザーという文学理論家の小難しい文章を引用してみよう。

空所はテクストにおけるさまざまな叙述《じょじゅつ》の遠近法の間の関係を空白のままにしておき、読者がそこに釣《つ》り合《あ》いを作り出すことでテクストに入り込むようにする働きをもつ。すなわち、空所は、読者がテクスト内部での均衡《きんこう》活動を行なう糸口となる。それに対して否定可能箇所《かしょ》は、読者に既知《きち》のことあるいは確定的な事柄を思い起こさせ、しかもそれを打ち消すようにする働きをもつ。打ち消されたといっても、それは視界に残り、読者は既知あるいは確定していることに対する態度を修正するように仕向けられる。

(『行為としての読書』轡田収《くつわだおさむ》訳、岩波書店、一九八二・三)

ここでは二つのことが言われている。

一つはぼくがこれまで説明してきたことで、文学テクストは穴ぼこだらけだが、その穴ぼこを埋めることで読者はテクストの内部に入れる。読者がテクストの内部に参入するきっかけが「空所」だと言うのである。

もう一つは、文学テクストの読者は自分の読み方を修正しながら読むものだというこ とである。ぼくたちでも、これは「ボーイ・ミーツ・ガール」型の出会いの物語だと思って読んでいたら、「アレッ、ちがうぞ」と思ったりすることがあるだろう。前の章で引いたヤウスに言わせれば、「アレッ、ちがうぞ」が多い方が芸術度が高いことになる。穴ぼこを埋めようとテクストの内部に入ったら「アレッ、ちがうぞ」となるのだから、芸術度の高い文学テクストを読むのは疲《つか》れるわけだ。逆に「やっぱり二人は結ばれた」と安心すれば、小説の読者は癒《いや》される。

では、テクストの内部で仕事をする読者とはどのような読者だろうか。イーザーはそれにも答えていて、それを「内包された読者」と名づけた。「内包された読者」とは文学テクストを読むためのすべての条件を備えた読者のことを言うが、もちろん現実にはそんな読者は存在しない。もしそんな読者がある小説を読んだら、その小説の読み方はすべてわかってしまうことになる。つまり、その小説は死を迎《むか》える。

しかし、ぼくたちがいつまでもテクストの外部にいては小説は読めない。小説の読者にはテクストの内部に仕事場があるのだ。具体例で考えてみよう。はじめに取り上げるのは、夏目漱石の『坊《ぼ》っちゃん』の冒頭《ぼうとう》の一節である。

親譲《おやゆず》りの無《む》鉄砲《てっぽう》で小供の時から損ばかりしている。小学校に居る時分学校の二階から飛び降りて一週間程腰《ほどこし》を抜《ぬ》かした事がある。なぜそんな無闇《むやみ》をしたと聞く人があるかも知れぬ。別段深い理由でもない。新築の二階から首を出していたら、同級生の一人が冗談《じょうだん》に、いくら威張《いば》っても、そこから飛び降りる事は出来まい。弱虫やーい。と囃《はや》したからである。小使に負ぶさって帰って来た時、おやじが大きな眼《め》をして二階位から飛び降りて腰を抜かす奴《やつ》があるかと云ったから、この次は抜かさずに飛んで見せますと答えた。

この一節についてはすでに詳細《しょうさい》な分析があるので（小森陽一『構造としての語り』新曜社、一九八八・四）、それに沿って説明していこう。

この一節が思わずニヤッとさせられるほどおかしいのはなぜだろうか。いや、この一節をおかしく読むためにはぼくたちはどういう読者にならなければいけないのだろうか。そして、どういう仕事をしなければならないのだろうか。それはまず、ぼくたち自身が「なぜそんな無闇をしたと聞く人」の立場に立つことである。

万が一、「こんなふうに囃し立てられたら、小学校の二階だろうと何だろうと飛び降りるのが当然だ」などと考えてしまう読者がいたとしたら、〈坊っちゃん〉は当然のことをしただけで、面白《おもしろ》くも何ともないだろう。「なぜそんな馬鹿《ばか》馬鹿しいことをしたのだろう」と思って次を読むから、次に示される「囃し立てられたからだ」という理由にもならない理由を大真面目《おおまじめ》に語る〈坊っちゃん〉が「おかしな奴」に読めるのである。

これが「内包された読者」になることなのである。この一節の「内包された読者」とは「なぜそんな無闇をしたと聞く人」のことだったのだ。その次に、〈坊っちゃん〉の示す「理由」を「そんなアホな」と笑い飛ばす仕事が、やって来るのである。

ついでに言えば、この一節を語る〈坊っちゃん〉は昔の〈坊っちゃん〉とはちがってしまっている。昔の〈坊っちゃん〉は「親譲りの無鉄砲」で損ばかりしていた非常識な青年だった。しかし、この一節を語る〈坊っちゃん〉はもう自分のしたことが「無闇」だとわかってしまっている常識人だからである。こういう具合に、「おれ」（一人称）が語る小説は、「語られた昔の私」と「それを語っているいまの私」とに、「私」が二つに分裂《ぶんれつ》しているのである。こう考えると、「内包された読者」のテクストの内での位置とは、語り手の位置（「語っているいまの私」の位置）と重なることがわかるだろう。これは前の章で、小説の読者は「いま」の時点から「全体像《ゲシュタルト》」を読むと言ったことと原理的には同じである。

「内包された読者」の仕事

次に、とびっきりやっかいな一節について考えてみよう。太宰治《だざいおさむ》『人間失格』からである。語り手の葉蔵は、体育の時間に行った自分のおどけを見破った竹一について、こう語る。正確に言えば、こう書くと言うべきだろうか。

しかし、さすがに、彼を殺そうという気だけは起りませんでした。自分は、これまでの生涯《しょうがい》に於《お》いて、人に殺されたいと願望した事は幾度《いくど》となくありましたが、人を殺したいと思った事は、いちどもありませんでした。それは、おそるべき相手に、かえって幸福を与《あた》えるだけの事だと考えていたからです。

「内包された読者」の位置、すなわち「語っているいまの私」の位置からこの一節を読めば、それほど違和感《いわかん》はない。しかし、ひとたび「語られた昔の私」の位置に立つと、違和感は大きくなる。問題は「自分は、これまでの生涯に於いて、（中略）人を殺したいと思った事は、いちどもありませんでした」という文章である。さて、「人を殺したい」とまったく思わずに、「人を殺したいと思った事は、いちどもありませんでした」という状態になれるものだろうか。「殺す」事をまったく想定せずに、殺すことが「おそるべき相手に、かえって幸福を与えるだけの事だと考え」ることができるのだろうか。それは不可能だろう。

この矛盾《むじゅん》を解く解決策はおそらくただ一つしかない。それは、「内包された読者」の位置＝「語っているいまの私」の位置にだけ立ってこの文章を読むことである。そうすれば、「語られた昔の私」は「殺すこと」をまったく考えていなかったが、すでに「殺すこと」を視野に入れた「語っているいまの私」が過去を振《ふ》り返《かえ》って、「語られた昔の私」の思考を意味づけているという説明がある程度の説得力を持つだろう。

もう一つ、今度は三人称の小説を例に挙げて考えてみよう。夏目漱石『三四郎《さんしろう》』である。視点人物の小川三四郎が、同じ福岡《ふくおか》から出てきて、東京帝国大学の助手をしている先輩《せんぱい》の野々《のの》宮宗八《みやそうはち》を研究室に訪ねた場面である。

三四郎は台の上へ腰を掛《か》けて初対面の挨拶《あいさつ》をする。それから何分宜《よろ》しく願いますと云《い》った。野々宮君は只《ただ》はあ、はあと云って聞いている。その様子が幾分か汽車の中で水蜜桃《すいみつとう》を食った男に似ている。一通り口上を述べた三四郎はもう何も云う事がなくなってしまった。野々宮君もはあ、はあ云わなくなった。

傍線《ぼうせん》はぼくが施《ほどこ》したものである。もちろん、ここを問題にしたいからだ。

この「汽車の中で水蜜桃を食った男」とは、のちに作中で「偉大なる暗闇」と呼ばれることになる「広田先生」である。「広田先生」は第一高等学校の英語の教師で、当時としてはほぼ最高の知識人だった。三四郎は上京の汽車の中で偶然「広田先生」と出会っていたのである。ただし、会話を交わして衝撃《しょうげき》を受けたが、この時点ではどういう人物かも知らないし、名前も知らない。

ここで、傍線部を読んだ「内包された読者」はどういう仕事をすればいいのだろうか。それは、三四郎は野々宮が「広田先生」に似ていることまでは気づいているものの、二人が「学者」に特有の浮世離《うきよばな》れした態度を取る人たちだということまでは気づいていない、ということまでも理解することである。そう読まなければ、三四郎の天然ボケぶりが浮かび上がらないからである。

つまり、「内包された読者」は登場人物よりも頭がよくなければならないのだ。もしそうでなければ、たとえば推理小説は読めないだろう。推理小説では刑事《けいじ》はまだ犯人がわからないのに、刑事に寄《よ》り添《そ》って物語を読んできた「内包された読者」には犯人がわかることがあるのだから。ただし、だれもが同じような「内包された読者」になれるわけではない。「内包された読者」が現実世界の生身の読者とどこかでつながっている以上、現実世界の生身の読者が持っている情報の個人差や読書の能力が「内包された読者」に反映されることは当然だからである。

たとえば『三四郎』にしても、当時の大学生も現在のように二人に一人が進学できる大衆にすぎないと思っている読者と、当時は大学が日本全国にまだたったの二校しかない上に、男子だけしか入学できなかったので、大学生は二百数十人に一人しか進学できない超《ちょう》エリート男性だったという知識を持っている読者とでは、三四郎の天然ボケぶりの評価が違ってくるはずだ。あるいは、現在のように全国に高等学校が五千数百校もあると思っている読者と、当時は全国でまだわずか数校しかなかったということを知っている読者とでは、「広田先生」の「エリート知識人層」の理解がまったく違ってくるはずだ。この落差は、いくら上手に「内包された読者」になり果《おお》せても決して埋めることはできない。教養のある読者と教養のない読者との落差を埋める技術はない、ということだ。

それに、ぼくたち読者は「内包された読者」になることを常に意識して小説を読んでいるわけではない。そんなことをしていたら、疲れてしまうだろう。「内包された読者」に任された仕事をほとんど無意識のうちにできるのが、すぐれた読者なのだ。それでも、こういう仕事に意識的になってゆっくり読むと、さっと読んだときにはわからなかったことまでわかってくることがある。ゆっくり読むこと、何度も読むことも大切だ。いや、それはむしろ「内包された読者」の位置から、現実の自分が少し距離《きょり》を取る読み方なのかもしれない。

ぼくは「まえがき」で〈意識が自分に向かうことは読書のじゃまになる〉という意味のことを書いた。たしかに楽しむための読書ではその通りだ。しかし、自分の読み方を「発見」するための読書もある。その時にはわざとゆっくり、そして何度も読んで、先を楽しむだけの読書を中断させなければならない。そう、宝を探すために読書することそれ自体に意識的になるのだ。文章を読むのではなく、一つ一つの言葉を読むのである。車から見た風景と歩いて見る風景がまったく違うと感じることがある。ちょうどあれに似ている。終わりに向かって大急ぎで走るのではなく、草花の一つ一つを愛《め》でながらゆっくり歩くように読む。終わりが待てないほど急いで読むのもスリリングで楽しいが、立ち止まりながら読むのもまた別の楽しみがある。それは「読書への抵抗《ていこう》」と言っていいかもしれない。たとえば、「研究」はそういうふうにして始まる。実は、それもまた読者の仕事の一つなのである。
例を挙げよう。今度は夏目漱石『こころ』から。「先生」の遺書の最後の一節である。

私は私の過去を善悪ともに他《ひと》の参考に供する積りです。然《しか》し妻《さい》だけはたった一人の例外だと承知してください。私は妻には何にも知らせたくないのです。妻が己れの過去に対してもつ記憶《きおく》を、なるべく純白にして置いて遣《や》りたいのが私の唯一《ゆいいつ》の希望なのですから、私が死んだ後《あと》でも、妻が生きている以上は、あなた限りに打ち明けられた私の秘密として、凡《すべ》てを腹の中にしまって置いて下さい。

さっと読めば、「先生」は、「妻」が死ぬまでは自分の遺書を公開するなとだけ言っているように読める。しかし、傍線を施した部分をじっくり読むと、妙《みょう》なことがわかってくる。
それはまず「妻が己れの過去に対してもつ記憶」という書き方の異様さである。「先生」の遺書は「先生」の過去の記憶の物語であって、「妻」の「過去」の物語ではなかったはずである。しかも、傍線部全体に戻《もど》ると、「妻」の「過去」が「純白」ではなかったかのようにも読めてくる。「妻」の「過去」に何があったのだろうか。また、「なるべく純白にして置いて遣りたい」という部分も微妙《びみょう》である。ふつう「なるべく」とあれば、「絶対」ではないということになる。もしかすると、「先生」は「妻」が生きているうちに遺書を公開することを望んでいたのではないだろうか。

実は、ぼくの『こころ』研究はこうした疑問から出発したのだった。それは『『こころ』大人になれなかった先生』（みすず書房、二〇〇五・七）にまとめてあるので、興味のある方はのぞいてみてほしい。少なく見積もっても、ぼくは『こころ』を五十回以上は読んでいる。

自由に読めるのだろうか

「内包された読者」の仕事は一つに決まっているわけではない。前にイーザーを引用したときに、「文学テクストの読者は自分の読み方を修正しながら読むものだ」と述べた。これは、イーザーによれば「否定」と呼ばれるもので、読者はテクストを読みながら、絶えず自分の読みの修正、すなわち「否定」を迫《せま》られると言うのだ。「アレッ、ちがうぞ」である。こういう経験は誰にでもあるだろう。その結果、極端《きょくたん》に言えば、本を読み終わったときには読者が「新しい自分」に生まれ変わっているというのが、イーザーの思《おも》い描《えが》く理想の読書である。

そこで、本を読む度に「新しい自分」に生まれ変わるなどというのは夢物語にすぎないと皮肉を言う人や、それでは読書は自由すぎて、解釈が無限に許される無法地帯《アナーキー》のようになってしまうなどと、保守的なことを言ってイーザーを批判する人が出てきた。新しい説が出たときには、よくあるパターンの反応だ。こういう状況を見て、イーザーは振り子を思いっきり反対側に振りすぎたから、少し元に戻そうと考える穏健《おんけん》な論者も出てきた。それがフィッシュである。例によって、小難しい文章を引用しよう。

意味の規範的《きはんてき》体系による統制がないと、テクストが連れて来る意味（通例、著者の意図と重なる）、テクストが「持つ」意味のかわりに自我が自身の意味を代置するだろうと、彼らは恐《おそ》れているのだ。しかし、もしも自我が独立した実体ではなく、自我を充《み》たす理解体系によりその活動を制限される社会的構築物であるとすれば、自我がテクストに付与《ふよ》する意味は自我のものではなく、自我がその函数《かんすう》であるところの解釈共同体（または解釈共同体群）に起源があることになる。

（『このクラスにテクストはありますか』小林昌夫訳、みすず書房、一九九二・九）

文中の「彼ら」とは「客観的解釈の提唱者」を指しているが、フィッシュによれば、作者の意図通りに読むべきだと主張する彼ら「客観的解釈の提唱者」は、読者に自由を与えるとテクストが勝手に読まれてしまうと「恐れている」らしい。ぼくはテクストを自由に読むことがどうしていけないのかサッパリわからない。そもそも「著者の意図」とは、それこそテクストを自由に読んだ人が、自分の解釈にすぎないものを「これが著者の意図」だと権威主義的に言いつのった結果にすぎない。つまり、「著者の意図」とは文学研究や評論という制度に守られた「お約束」でしかないのである。でも、フィッシュはいい人なのだろう。そういう頭の固い保守的な権威主義の権化《ごんげ》にも一定の理解を示している。

そして、こう言うのだ。自我は自由気ままにテクストを読んだりはしない。なぜなら、自我は社会に拘束《こうそく》されているから、実はそんなに自由ではないのだ。自我はまったく自由に宙に浮いているわけではなく、必ずある「解釈共同体」に所属しているから、その「解釈共同体」が許す範囲内での「解釈」しかしません、だから安心しなさい、と。フィッシュはこれを「限られた複数性」と呼んでいる。たしかに複数の解釈はあり得るけれども、その数は「解釈共同体」ごとに決まっているのでご安心を、というわけだ。

これで保守派が安心したかどうかは知らないが、フィッシュの説にも一定の真理は含《ふく》まれているかもしれない。と言うのは、「解釈共同体」に寄り添って読むより、まったく自由に読む方がよほど難しいからである。実際、教室で学生と小説を読むと同じような読みばかりになってしまうことが多いし、研究でさえどうしてこんなに同じことばかり言っているのだろうと思わせられることがよくある。オリジナリティーとか個性といったものは自然に身についているものではなく、鍛《きた》えなければ生まれないのではないかと、最近は思い始めている。

いや、オリジナリティーを競《きそ》うはずの研究者や評論家こそ、自分たちの所属している「解釈共同体」に強く拘束されているように思える。たとえば、漱石研究。戦前から戦後にかけては、自我の不安定さに悩《なや》む一流の知識人の文学とされ、その後は家族関係の中でコミュニケーションが取れない一人の男の悩みを書いた文学とされ、さらに最近では近代国家を批判的に書いた文学ということになっている。「解釈共同体」にもその時々のトレンドがあって、研究者や評論家の書く漱石論にこそそういうトレンドがはっきり現れている。

読者が自分を否定すること

イーザーは読書における「否定」作用が「新しい自分」を生み出すのだと言った。しかし、どうやらそれは至難の業《わざ》らしい。と言うことになれば、「自己否定」を方法化して自分を鍛えるしかないだろう。

フランスの批評家ロラン・バルトは、「物語は一つの文である」という意味のことを言っている。（『物語の構造分析』花輪光《はなわひかる》訳、みすず書房、一九七九・一一）「物語が一つの文である」ということは、物語が一文で要約できるということである。たとえば、『走れメロス』（太宰治）なら「メロスが約束を守る物語」とか、『ごんぎつね』（新美南吉《にいみなんきち》）なら「兵十《ひょうじゅう》とごんが理解し合う物語」とかという風に要約できる。もちろん、もっと抽象的《ちゅうしょうてき》に、「人と人とが信頼《しんらい》を回復する物語」とか、「人間と動物が心を通わす物語」と要約してもいい。いかにも学校空間にふさわしい「物語」だと言える。だからこそこれらは教科書の定番教材となっているのだろう。

ここで気づいてほしいのは、こんな風に物語を抽象的に要約すればするほど、物語どうしが互《たが》いに似てくるということだ。つまり、物語にはいくつかのパターンがあるということだ。そのパターンを思い切ってまとめてしまえば第二章で述べた四つの型に集約できてしまうのである。ここでは、まだ四つの型に集約されてしまう少し手前の複数のパターンを「物語の型」と呼んでおこう。「国語」が得意な人は、この「物語の型」が身に付いている人だ。それは読書によって得られることが多いから、読書をよくする人が「国語」が得意にもなるのである。だから、「本を読みなさい」というアドバイスは正しい。ぼくも、読書を勧《すす》める。

物語をパターン化するプロセスを考えてみよう。物語は①「〜が〜になる物語」(「なる物語」)と、②「〜が〜をする物語」(「する物語」)とに大きく分けることができる。これを使って、小説を主語が一つで述語が一つの短い文章で物語にまとめた文を「物語文」と呼んでおこう。いくつかの小説を物語文にまとめてみて、その物語文が似てきたら、それが「物語の型」だと言える。国語力をつけるには、できれば一人で一つの小説について複数の物語文を作るようにしたい。そのことを通して、小説は自由に読んでいいものだということが実感できるし、逆に、小説を自由に読むことが実はいかに難しいものであるかということをも実感できるだろう。

高校国語の定番教材である芥川龍之介《あくたがわりゅうのすけ》『羅生門《らしょうもん》』を例に考えてみよう。『羅生門』を物語文にまとめるところからはじめるわけだ。

①「なる物語」であれば、「下人が盗人《ぬすびと》になる物語」とでもなるだろう。②「する物語」であれば、「下人が追《お》い剝《は》ぎをする物語」とでもなるだろう。後者をもう少し高級にすれば、「下人が生きる勇気を得る物語」とでもなろうか。ここまでできれば、①と②とが何となく対立することになる。図式的に言えば、①は「悪」がテーマになっているのに対して、②は「善」がテーマになっているからである。

こういう具合に、「互いに対立する物語文」が作れるようになれば、「自由」を行使することの難しさと、それを乗《の》り越《こ》えることの喜びとを身をもって味わうことができる。

ただしこの場合、「なる物語」と「する物語」を無理に組み合わせる必要はない。出発点としては物語文が対立していれば十分である。ここで一つ大切なことに触れておくと、いま作った物語文はふつう「主題」と呼ばれているものに近いのではないかと思う読者がいるに違いないということだ。実は、そうなのである。ただし、ぼくは「主題」を「作者の主張」とは考えていない。「主題」とは「解釈の要約」であると定義したい。それでこそ読者は「自由」に読むことができるのである。

つぎに行うことは、それぞれの物語文に対応する細部を小説から拾い上げてくることである。この作業が意外にシンドイのだ。

まず第一に、心理的な抵抗《ていこう》がある。一つの小説を一人の読者がまるで反対のテーマで読むことに対する抵抗である。そのとき問題となるのは、「自分の読み」とは何かということだろう。もっと言えば、「自分とは何か」という哲学的《てつがくてき》テーマだろう。「自分の読みは一つではない」とか、「自分は一人ではない」といった柔《やわ》らかい自我のあり方を受け入れることは、意外に困難なのである。自我形成は基本的に、いつでも、どこでも同一であるべき自己を作り上げることを目標としているからである。

その結果、先のような柔らかい自我観に対しては、拒否反応《きよひ》さえ起きることがある。そういうときには、「生徒」や「兄弟」や「子供」や「友人」といったさまざまな関係の中で、「自分」はそれぞれ違った「自分」として生きられていることや、過去の「自分」といまの「自分」は決して同一の「自分」ではないことに気づかなければならないだろう。小説を読むことは、読者の自我観に触《ふ》れてしまうのだ。しかし、それを避《さ》けることはできない。

つぎにシンドイのは、単純なことである。こういうやり方で、小説から物語文を作るのに必要な細部を拾い上げて行くには、小説を何度も何度も読み込まなければならないからである。それは、根気のいる作業だ。しかし、これが「読書への抵抗」なのだ。しかも、二通りの物語文に読むという前提があるのだから、一つの物語文を作る細部を拾い上げていくときには、別の物語文に必要な細部は殺《そ》ぎ落《お》としていかなければならない。「これは小説の「全体」を読むことにはならないのではないか」という高級な疑問を持ってもおかしくない。そういう問に対しては、小説の「全体」を読むことなど決してできはしない。実際には、既知でない「全体」などはないので、未知の「全体」を読んでいるという「幻想」があるだけだということを、身をもって知ってもらわなければならないだろう。まさにそのための、作業なのである。

『羅生門』の構成を図式化すれば、「盗人」になるしか生きる道がない「下人」(正確には、「下人」をクビになった青年と言うべきだろうか)が、「盗人」になる「勇気」を持てずにいたところが、羅生門の上で死体から髪《かみ》を抜き取ってカツラにしようとしていた老婆《ろうば》を捕《つか》まえることで、「盗人」になる「勇気」を得る物語だと言うことができるだろう。したがって、「下人が盗人になる物語」は、この物語の構成を捉《とら》えたレベルで作られた物語文だと言うことができる。それに対して、「下人が生きる勇気を得る物語」は、青年の心の動きに注目したレベルでの物語文だと言うことができる。

もちろん、どちらが優《すぐ》れているかということは問題ではない。大切なことは、一つの小説から、一人の読者が、異なったレベルの物語文を作ることができるということに気づくことなのである。それこそが、「自分は一人ではない」ということに気づくきっかけなのである。

話が少し逸《そ》れるが、現在ニートと呼ばれる若者やフリーターを長く続けている若者には、「自分の夢」を実現したいという「夢追い型」がかなり含まれていることが知られている。この「夢追い型」は、「自分は一人」だと思い込んでいることが大きな要因になっているのではないだろうか。そういう苦しい生き方を選ばされてしまっている若者に、「自分は一人」ではないと知ってもらうことは、大切なことではないだろうか。たとえ不況《ふきょう》で就職できなかったことが最初の直接的なきっかけだったとしても、である。

ニューエコノミーの時代を生き抜いていかなければならないこれからの若者たちには、「自分は一人」という「堅《かた》い自我」は邪魔《じゃま》になるだけだ。複数の人生設計を持っていなければ、生きていけない時代になったのである。それを助ける読書があってもいいのではないだろうか。小説を二通りに読む試みには、そういう願いも込められている。

話を『羅生門』に戻そう。

老婆の理屈を聞いた青年は、こういう心理状態になったと、『羅生門』は書いている。

しかし、これを聞いている中に、下人の心には、或《ある》勇気が生まれて来た。それは、さっき門の下で、この男には欠けていた勇気である。そうして、又《また》さっきこの門の上へ上って、この老婆を捕えた時の勇気とは、全然、反対な方向に動こうとする勇気である。

この一節を読めば、青年が最終的に手にした「勇気」とは、「盗人」になる「勇気」なのだということがわかる。この地点で、「下人が盗人になる物語」と「下人が生きる勇気を得る物語」は交わることになる。実は、二つの物語文は、実質的には一つの物語文だったのだ。「自由」に読むことがいかに難しいかが、これでよくわかるはずだ。「新しい自分」を手に入れるためには、さらに「読書への抵抗」を続けなければならないようだ。

しかし、『羅生門』はこう結ばれていた。「下人の行方は、誰も知らない」と。これは、オープンエンディングの典型である。語り手の立場に立てば、「誰も知らない」ことを知っていることになるが、読者は「誰も知らない」状態のままである。語り手と読者はいつも一緒《いっしょ》というわけではないのである。物語が終わった世界で、青年は何に「なった」のだろうか。また、何を「した」のだろうか。青年の得た「勇気」のゆくえは「誰も知らない」のである。それを考えるのは、物語文のはるか先にある文学的想像力の世界だ。それもまた読者の仕事の一つである。そこには、またレベルの異なった「自由」がある。

あなたのカードは何点か

法学者の話を聞いていると、「解釈の余地のない条文にしなければならない」という言い方をよくする。ぼくには意味がわからない。「解釈をしない条文ということは、意味を読まない条文ということだろうか」と思ったりする。それでは条文の役割を果たさないではないか。そこでやむなく、法学者は「一通りの解釈しか許さない条文」という意味で言っているのだろうと、勝手に「翻訳《ほんやく》」して聞くことにしている。

文学の言葉はそうではない。解釈の余地があればあるほど、言葉が多義的であればあるほど、すぐれた文学だとさえ言える。そういう文学が古典たり得る。では、小説を読むのはどういう行為《こうい》なのだろうか。それは、迷路《めいろ》のようなものだと言った人がいる。ただしその人は、最短距離で出口に着いた人がすぐれた読者なのではなく、もっとも多く迷って最後に出口に着いた人がもっとも優れた読者だと言うのだ。最短距離で出口に着いた人は小説を一通りでしか読んでいないだろうが、多く迷って最後に出口に着いた人は小説を何通りにも読んだにちがいない。みごとなたとえだ。迷うことを楽しむ読者を「精読者」と呼ぶこともある。ぼくは先に「読書への抵抗」と言ってみた。

ぼくはいつもこういうたとえを使っている。

小説を読むことは、裏になっているトランプカードを引っくり返すようなものだ。仮にトランプカードが裏返しに十枚並んでいたとしよう。そのトランプカードを前にして、呪文《じゅもん》を唱える。つまり、こういう枠組《わくぐみ》で読もうと決める。ある人は二、三枚しかカードを表にできないかもしれない。別のある人は八枚ぐらい表にできるかもしれない。小説を読むことは、そういうことではないかとぼくは思っている。

前にも書いたように、小説は宝探しなのだ。小説には、宝がたくさん埋まっている。なかには、ここに宝があるよと指差しているような小説もある。あることが起きるのはわかっているけれども、その途中《とちゅう》で書くことをやめる場合などだ。そこに余韻《よいん》を残した形になっていて、読者の仕事場はここだと言っているような小説である。しかし、多くの小説はそうでない。

そこで、読者はどこで仕事をしようかと考えることになる。ただ、人によってその小説と馬が合うとか合わないとかということもあるし、小説がうまく読める人と読めない人もいる。そこでいま言ったように、カードが何枚めくれるかが違ってくるのである。

ただ、トランプカードだと言っているところが味噌《みそ》なのだ。二枚だけしかトランプを表にできなかったとしても、それがキングとクィーンの場合がある。合計で二十五点だ。五枚表にできたとしても、一、二、三、四、五かもしれない。これだと合計で十五点だ。そうすると、単純に枚数では優劣《ゆうれつ》が決まらないのである。どちらが得点が高いかはなかなか決められない。

何を言いたいかというと、カードを表にしたとしても、そのカードの点数を決めるのは自分ではないということなのだ。それは読者の読み方を聞いた誰かだ。その人がカードの点数を決めるのである。読者の所属する「解釈共同体」が点数を決める場合もある。後世の人が点を決める場合もあるだろう。しかも、決めた点が人ごとに違っていることさえある。読むということはそういうものではないだろうか。

先の迷路のたとえでも、誰が一番遅《おそ》く出てきたのかは、誰かが出口で見張っていなければわからない。つまり、小説を面白く読んだか読まないかは、自己満足をのぞけば、実は自分で決められる問題ではないということだ。誰かに自分の読みを聞いてもらって、はじめてそれが面白いか面白くないかということが評価されるのである。自分の読みが個性的かどうかは、他人の読みと比べてみなければわからないものだろう。

多くの読者は、迷路から同じような時間を掛《か》けて同じ出口から出てくる。あるいは、同じような点数のカードを同じような枚数だけ表にしている。しかし、たまに時間を掛けて偶然みんなとは違った出口から出てきたり、みんなとは違ったカードを違った枚数表にする読者がいる。彼ははじめは一人ぼっちで佇《たたず》んでいるだろう。しかし、もしかしたらそのうちにみんながそれに気づいて、あっちの出口の方が面白いとか、あのカードはすてきだとか言ってくれるかもしれない。それが読者の「個性」というものではないだろうか。あるいは、「才能」とはそういうものかもしれない。

本を読んでいる最中にはあなたは世界のどこにもいなかった。しかし読み終わったとき、あなたは世界の中にシッカリと場所を占《し》めている。それがあなたにとって居心地がいい場所なのかそうでないかを決めるのは、あなただ。しかし、その場所の評価をするのは、あなたではない。先生や友人や世間が、あなたを評価する。そういう現実は厳しいが、それが世界の中に場所を占めるということの意味なのである。そして、そのようにして他者を信頼することで、あなたは未来形の自分を認めてもらうことができるのである。別の言い方をするなら、未来形の自分がまちがいなく「自分」のものとなったと実感することができるのである。それをもたらしてくれるのは「読書への抵抗」だった。

もっとも大切な読者の仕事とは、実は「読書への抵抗」だったのだ。これが小説の読書について考えてきた、到達点である。

第四章　「正しさ」は変わることがある

評論を面白《おもしろ》く読むコツ

この章では、評論について書いておこう。

小説家で自作解説をする人がたまにいる。ぼくは「ちょっとな……」と思う。なぜそんなふうに思うのかと言うと、一つは「ぼくの自由に読ませてよ」と言いたいからだ。もう一つは、自作解説ができるほど言いたいことがはっきりしているなら、なにも小説などという回りくどい表現形式をとる必要はなかったではないかと思うからだ。はじめから評論を書けばよかったのだ。

小説は言葉を使ってこの世界に似せたイメージを作る表現形式である。世界はそれ自身では主張を持たないから、ぼくたちは小説を「自由」に解釈《かいしゃく》できる。それが、小説を読む楽しみだ。ところが、評論はそうではない。古典的名著ともなれば評論でもさまざまな解釈が競われることがあるが、ふつうは評論の主張ははっきりしている。「自由」に解釈すれば「誤読」となることが多い。

では、ぼくたちはなぜ評論を読むのかと言えば、それは自分の知らないことやわからないことを、知りたいしわかりたいからだ。それが知的な虚栄心《きょえいしん》というもので、これがなくなったら精神的な「老人」である。精神的な「若者」は、友人が本を読んだと聞けば、たとえ自分が読んでない本であっても「読んだよ」と答えるものだ。そして、あわてふためいて本屋さんか図書館に行って、わかってもわからなくても一晩でそれを読んで、翌日には涼《すず》しい顔をして「そう言えば、あれはたいした本じゃないね」なんて言ってみるものだ。そんなふうにして、ぼくたちは教養を身につける。

ぼくは「教養」という言葉を二つの意味でとらえている。一つは知識の量で、これは多ければ多いほどいい。しかし、これは少し古風な教養のとらえ方である。現代ではあまりに多くの情報があふれているからとても追いつけない。その上に過去のことまで知っていなければならないとしたら大変だ。もちろんそのための努力は大切だが、限りがある。そこで二つめの教養の意味が必要だと考えている。それは、物事を考えるための座標軸《ざひょうじく》をできるだけたくさん持つことだ。「たくさん」とは言っても、ぼくたちの思考方法にはその時代ごとに流行があるから、これは無限というわけではない。ぼくは、その時代に必要な思考方法を身につけることを第二の教養、そして現代の教養と呼んでおきたい。この現代の教養を身につけるために評論を読むのである。

ふつう「評論は、筆者の言いたいことを読解すればいい」と考えている人が多いと思うが、実は評論を読むにもコツがある。ただし、これは「評論早わかり」という類《たぐい》のものではない。具体的には、評論にも「内包された読者」の位置が用意されているということなのである。ごく簡単に身も蓋《ふた》もない言い方をすれば、「ふつうはこう思っているだろうが、ぼくはこう思う」と書くのが評論である。実際、たったいま書いたぼくの文章がそうなっているではないか。

この「ふつう」の位置が「内包された読者」の位置だ。そう、ちょっと「おばかさん」

を演じるのが、評論を読むコツなのである。そうすると、「へぇ、そうだったのか！」という具合に評論が面白く読める（こともある）。具体例を見ておこう。

じぶんの身体《からだ》というものは、だれもがじぶんのもっとも近くにあるものだとおもっている。（中略）ぼくとはほかならぬこのぼくの身体のことだと言いうるほどに、ぼくはまちがいなくぼくの身体に密着している。ところが、よく考えてみると、ぼくがじぶんの身体についてもっている情報は、ふつう想像しているよりもはるかに貧弱なものだ。身体の全表面のうちでじぶんで見える部分というのは、ごく限られている。さっきもふれたことだけれど、だれもじぶんの身体の内部はもちろん、背中や後頭部でさえじかに見たことがない。それどころか、ましてや自分の顔は、終生見ることができない。ところがその顔に、じぶんではコントロール不可能なじぶんの感情の揺《ゆ》れが露出《ろしゅつ》してしまう。なんとも無防備なのだ。

（鷲田《わしだ》清一《きよかず》『ちぐはぐな身体』ちくま文庫、二〇〇五・一）

いま傍線《ぼうせん》を施《ほどこ》したところに、「ふつう」の読者の位置が、すなわち「内包された読者」の位置が明確に示されている。たぶん、鷲田清一は「ふつう」の人は①「自分の身体のことなら自分が一番よくわかっていると思《おも》い込《こ》んでいる」と考えている。それを前提として②「いや、実は自分の身体ほどわかりにくいものはないのだ」と説いているのである。そこで読者が「なるほど」と思えば、鷲田清一の勝ちである。この文章は、第二章で述べた「二項対立」が利《き》いている。〈既知《きち》の身体／未知の身体〉という図式である。「ふつう」の読者は①〈既知の身体〉の側にいて、鷲田清一は②〈未知の身体〉の側にいることになる。

①はいわば常識と言える部分で、②はそれに対する批判的検討（批評）だと言える。評論はこの二つの要素がうまく組み合わさってはじめて成功するのである。つまり、二項対立をうまく使うことが評論を読んだり書いたりするコツなのだ。一番みじめなのは①の常識の把握《はあく》が間違《まちが》ってしまった場合で、これがズレていると、何に対して異議申し

立て（批評）を行っているのかサッパリわからないようなピンぼけの文章になってしまう。次にみじめなのは、②の批判的検討（批評）が実は常識そのものでしかなかった場合で、実に凡庸《ぼんよう》な評論になってしまう。たとえば、「ふつうは自分の身体のことはよくわからないと思っているだろうが、実は自分の身体のことは自分が一番よく知っている」という構成になっていたら、前半は「なにわけのわからないこと言ってるの？」となって、後半は「当たり前じゃん」ということになってしまうだろう。

この点に関して、フリーライターの永江朗《ながえあきら》が面白いことを言っている。新聞の読者投《とう》稿欄《こうらん》によくある「ゴミを捨てるのはよくない」とか「電車では老人には席を譲《ゆず》ろう」といった文章は、わが新聞は「こういうつまらないふつうの人々が読んでいるんですよ。みなさん、ご安心下さい」（傍線、石原）というメッセージであって、お金をもらうための文章ならば「ゴミを捨てれば、ゴミを拾う人の仕事が増えるのだからゴミをどんどん捨てよう」とか「老人を鍛《きた》えるために、席を譲るのはやめよう」ぐらいのことは書かないとダメだと言うのだ（『〈不良〉のための文章術』ＮＨＫブックス、二〇〇四・六）。

まったくその通りだ。もともと新聞は「ふつう」の人に向けて作られているのだから当然と言えば当然で、「ふつう」でいいのだが、評論でプロになるためには「ふつう」ではダメなのである。それでいて「ふつう」がよくわかっていなければならない。つまり、評論とは「ふつう」がよくわかっている人が「ふつう」でないことを書いた文章なのだ。その意味で、鷲田清一の文章はみごとな評論になっている。そして、「ふつう」の読者の振りをしたぼくたちも、みごとに成功したわけだ。

問題は、この「ふつう」が時代とともに変わってくるところにある。昔の「ふつう」はいまの「ふつう」ではないということがよく起きる。「昔の常識はいまの非常識」というわけだ。だから、小説よりも評論の方が早く古くなる。あるいは、古さが目立ってしまうと言うべきだろうか。

論理は一つではない

パラダイムという言葉を知っているだろうか。これは、クーンというアメリカの科学哲学者《てつがく》が言い出した概念《がいねん》で、「思考の枠組《わくぐみ》」と理解していい。それが時代によって変わっていくのがパラダイム・チェンジで、極端《きょくたん》に言うと、ある時代に「正しい」とされていたことが、「パラダイム＝思考の枠組」が変わると、「まちがった」ことになってしまうことがあるということだ。先に述べた「第二の教養」は、このパラダイムを多く身につけていることを言う。

第一章で「言語論的転回」について述べたように、「天動説」から「地動説」に宇宙観が変わったのは、パラダイム・チェンジのもっともわかりやすい例の一つである。つまり、ある時代に「論理的」であったことが別の時代には「非論理的」になってしまうことがあるということだ。クーンはそういう事態をパラダイム・チェンジという言葉で語ったのである。

最近国語力の低下が話題になっていて、文部科学省が「国語教育においては論理的思考の育成を重視する」という趣旨《しゅし》のことを打ち出したという記事を読んだとき、ぼくはたいへん不安になった。と言うのは、文部科学省のお役人さんとか中央教育審議会《しんぎかい》の御《ご》用《よう》学者さんは、論理は一つしかないと思っているに違いないと思ったからだ。もしそう考えなければ、学校教育で「論理的思考」を教え込もうという発想自体が出てこないはずである。学校は「正しい」ことを教える場所だからである。

しかし、パラダイム・チェンジを視野に入れれば、「論理は一つしかない」とか「論理は普遍的《ふへんてき》なものだ」といったことはないとすぐにわかるはずだが、彼《かれ》らはたぶんいつも「正解」をいとも簡単に答えていた秀才《しゅうさい》さんのなれの果てだから、「正解は一つしかない」と思い込んでいるに違いない。だから、「論理は普遍的なものだ」と思っているに違いない。

これは困ったことだ。現在の学問の共通理解では、「どの時代でも、どこの国でも、誰にでも通用する論理などというものはない」と考えるのが当たり前になっている。論理は時代につれて変わっていくものである。少なくとも、現在人文科学や社会科学の最先端をいっている研究者はそう理解している。もしそうでなければ、学問の変化や新発見自体が起こりえないことになってしまうだろう。

いつから「地球にやさしく」なったのか

「正しさが変わる」ということを、ぼくは人生の中で劇的に体験して来た。

ぼくが小学生だった昭和三十年代には「加工貿易」という言葉がさかんに使われていた。たとえば「社会」という教科では「日本は資源が少ないから、原材料を輸入して、それを加工して、他の国が真似《まね》できないような製品に仕立てあげて、それを輸出して発展する加工貿易の国だ」ということを、耳にたこができるほど繰《く》り返《かえ》し繰り返し習った。日本には技術しかないというわけである。

実際、「社会」の教科書には工業地帯の写真が載《の》っていたものだ。すごく背の高い煙《えん》突《とつ》から黒い煙《けむり》がモクモク出ている写真だ。これが日本の国の発展だ、これはすばらしいことだという趣旨のキャプションが付いていた。ぼくは、そういう教科書で小学生時代を過ごしてきた。そこで、ぼくは「煙モクモク」はすばらしいことだと思い込んでいたのである。小学生のぼくにとっては、「煙モクモク」が「正しい」日本の姿だった。

ところが、中学の二年生になったとき、まるで突然《とつぜん》のように公害問題が出てきた。ぼくにとって身近だったのが光化学スモッグだった。光化学スモッグはあの頃《ころ》はじめて発生した。はじめは原因が不明で、たしか杉並区《すぎなみく》の小学校の校庭で夏に児童がバタバタ倒《たお》れてしまったのだ。それが、しばらくして大気汚染《おせん》が原因だとわかってきた。そのほかにも、さまざまな公害が一気に「問題」になった。新聞やテレビで「公害」という言葉を見たり聞いたりしなかった日は、文字通りなかった。その後オイル・ショックがやってきて、経済成長率十二・三パーセントが十年ほど続いた疾風怒濤《しっぷうどとう》の高度経済成長期が息の根を止められたのである。

その高度経済成長期の息の根が止められた後の時代になってみると、高い煙突から煙モクモクというのは「まちがったこと」になってしまったのだ。環境《かんきょう》を破壊《はかい》して、光化学スモッグの原因になる、喘息《ぜんそく》の原因にもなる。これはたいへんよくない。これからは環境を守ろう、自然を守ろう、そういう時代になった。いまは環境問題のキャッチフレイズは「地球にやさしく」だろうか。そうなると、ぼくが少年時代に習った「煙モクモク＝加工貿易＝正しい日本」というパラダイムはもうまちがいになってしまったのである。もっと言えば、「正しくない」ということになってしまったのだ。これはショックだった。「加工貿易ができなくなるとしたら、これから日本の先行きはどうなるのだろう」と、子供心に不安になったものだ。

これがパラダイム・チェンジというものである。

先日タクシーに乗っていたら、道路の右手で林の木を伐採《ばっさい》してマンション開発を行っているところを通った。ところが、道路の左手のマンションに横断幕《おうだんまく》が垂れ下がっていて、「木は一度伐《き》ると再生に百年かかる」と書いてある。どうやら、左側のマンションの住人が、右側のマンション開発に反対しているらしい。これはもうほとんど住民エゴの典型的な構図だろう。左側のマンションの住人には、「あなたたちだって木を伐ってそこに住んだのではありませんか」と言いたいが、ぼくも郊外の丘陵《きゅうりょう》地帯を切り開いて造成したニュータウンのマンションに住んでいるからほとんど同罪だろう。

こういう具合に木を伐り倒してマンションを建てると、その度に反対運動が起きて、新聞やテレビで報道される。そういう時代になったのである。いまは「開発は悪」であるかのような時代になった。ぼくが過ごした「開発は善」という少年時代と、「開発は悪」になってしまった現在では、世界観がまるっきり違う。繰り返すが、これがパラダイム・チェンジというものなのだ。

そこで、「地球にやさしく」するために色々な工夫《くふう》が奨励《しょうれい》されるようになった。ゴミは分別して出しましょうとか、牛乳パックはよく洗ってスーパーに戻《もど》しましょうとか、スーパーのビニール袋はやめて自分で買い物バッグを持って行きましょうとか、そういう話になってきた。「開発が悪」となってゆくと、世の中すべてがそういうシフトになっていくのである。

スーパーができはじめた頃は、ビニール袋がもらえるからいちいち買い物かごを持って行かなくていいし、買いだめもできるから便利だとしか思っていなかっただろう。牛乳パックがスーパーで売り出された頃は、毎日届けられる牛乳瓶《びん》を洗って返す手間が省けるし、好きな分量を買ってこられて、しかもポイッと捨てられるからこれは便利としか思っていなかっただろう。それがどうして牛乳パックを返さなければいけなくなったのかというと、「開発は善」から「開発は悪」へとパラダイム・チェンジしたからである。ぼくたちにとって、パラダイム・チェンジはこういう具体的な形として現れるものだ。

一つから複数へ

第三章で『羅生門《らしょうもん》』に触《ふ》れたときに、「自分は一人ではない」という言い方をした。小難しく言えば、「自己の複数性」ということになる。これは、現代トレンドのパラダイムなのである。それを具体例で見てみよう。

はじめに示すのは、昭和三十年、ぼくが生まれた年に行われた東京大学の国語の入試問題である。大学受験に関する本を書くためにたまたま出会った問題だが、入試問題になるくらいだから、当時はこれが「正しい」と信じられていたのだろう。

次の文を読み、後の設問に答えよ。

人間は存在の意味を問う唯一《ゆいいつ》の存在者である。他の存在者は、存在するも存在の意味を問うことをしない。ただひとり人間だけは、単に存在するだけでなく、あえて存在の意味を問おうとし、またそうして知り得た意味に従って生きようと欲するものである。存在の意味を問うということは、実に人間存在の本質に属する。それは人間の特権であり、また同時にその義務である。けれども、人間は必ずしもこの自己の本質を自覚せず、この特権を放棄《ほうき》し、この義務を怠《おこた》ることも可能である。すなわち、人間は存在の意味を問う可能性を有すると共に、それを問わない可能性も有する。ところで、われわれは多くの場合、この自己存在の意味を問題とせず、平々凡々《ぼんぼん》として生活するに過ぎない。もとより、平凡人の生活であっても、必ずしも文字どおりの意味で酔生夢死《すいせいむし》の生活ではなく、個々の行為の意味は、そのつど問われるに違いない。そうして、一つの行為は他の行為に連関し、それはまたさらに他の行為に連関し、こうして行為と行為との間の全体的連関が成立するように、それらの行為の意味も全体的連関を形成し、そうしてこの全体的意味連関は生存の根源的意味に帰着するであろう。これは他のすべての意味をその手段とするけれども、それ自身は他のどんな意味の手段ともなることのない自己目的としての意味自体である。ただ、平凡人の日常生活においては、存在の意味への問がこのような自己目的的意味自体にまでさかのぼって問われることがなく、個々の断片的《だんぺんてき》意味への問に分散し、余りに多くの意味が問われることによって、かえって唯一の意味が見失われる。こうして一義的な生活の代りに両義的な生活が、さらにまた多義的な生活が現われ、多義的な生活はついに無意義的生活と選ぶところがないようになる。断片的な意味の奥《おく》に統一的な意味を見、多義的生活を一義的生活に集中することは、ひとり精神的非凡人であってはじめてよくするところである。

設問　次に挙げた七つの文（(1)―(7)）のうち、右の文の中に説かれている趣旨《しゅし》に合致《がっち》するものはA、合致しないものはBの文字によって示せ。

(1)　自分の存在にどういう意味があるかを考えることは、人間以外にはないことだ。(○)

(2)　人間ならだれだって自分の存在の意味を考え、それに従って生きようとするものだ。(×)

(3)　自分の存在の意味を少しも問題とせずに生活しているのが、酔生夢死というものだ。(×)

(4)　自分の個々の行為の断片的意味を、そのつど問題にするならば、どんな平凡人だってきっと自分の生存の根源的意味を見出だすに違いない。(×)

(5)　生存の根源的意味は、必ずしも自己目的的意味だとは言えない。(×)

(6)　余りに多くの個々の断片的な意味を問題にしていると、ともすると多義的な生

活に陥《おちい》ってしまうものだ。（○）

（7）個々の行為の断片的な意味の奥に、それらを統一する根源的な意味を見出だすことは、どんな平凡人にだってできるに違いない。（×）

出典は、現象学を専門とし、フッサールの早い時期の翻訳《ほんやく》者としても知られる哲学者高橋里美「人生の目的」である。現在から見ると、ずいぶん短いと思うだろうが、当時はこの程度の長さが一般的《いっぱんてき》だった。入試問題の解説が趣旨ではないから、選択肢《せんたくし》のあとにマルかバツを入れておいた。

第三章で小説を「物語文」に要約すると理解の助けになると述べた。要約は読解の基本であり最終目的でもあるから、評論も要約することから始めたい。ぼくは評論の要約は「主題文」と呼んでいる。主題文にまとめるときにも二項《にこう》対立を使うといい。この文章では〈一義的な生活／多義的な生活〉が二項対立として使われている。

少し長めに要約すれば、「人間は存在の意味を問う唯一の存在者だが、日々の生活の中で個々の行為の意味を問うことは、唯一の意味を見失い、一義的な生活から多義的な生活に陥る結果をもたらす。断片的な意味から自己目的的で統一的な意味を見出すのは、精神的非凡人のみである」とでもなるだろうか。趣旨をわかりやすくするために、ごく短く要約すれば、「人間の存在の意味は、唯一の意味を問うことにある」とでもなろうか。二項対立のうちこの文章が重視する方だけ使ったのである。

驚《おどろ》いてほしいのはこの文章の全体に対してだが、特に選択肢（6）が○となることに対してだ。この選択肢の文章をよく読んでみよう。「余りに多くの個々の断片的な意味を問題にしていると、ともすると多義的な生活に陥ってしまうものだ」と言うのだ。これがいけないことだと、この文章は言っているのである。

たしかに、選択肢前半の「断片的」のところは、現在でも「セグメント化」という言い方で否定的に捉《とら》えられることがある。しかし、以下に引用する小難しい文章のように、ポストモダンを論じる際には肯定的《こうていてき》に使われることの方が多い。これは、東京の渋谷《しぶや》を開発した西武資本を論じた一節である。なお、日本では一九八〇年代が、特に「ポストモダンの時代」と呼ばれた。

西武資本による都市演出を考えるうえで、もうひとつ重要なのは、「街＝都市空間」のセグメント化である。(中略) 彼らが演出する「街」は、すべてが一所から総覧できるような旧来の百貨店型のものではなく、テーマ別にセグメントされた箱型空間の重層的構成という形態をとるようになる。その際、各々の空間と「感性」の対応を媒《ばい》介《かい》していくのが、『アンアン』や『ポパイ』、『ぴあ』などのカタログ雑誌をはじめとするセグメント化されたメディアなのだ。これらのメディアは「街」で人びとが何を着、何を観、何を食べるかについての台本を提供し、断片化した空間をストーリー性をもったシークエンスとしてつなぎ合わせていく。こうして、街＝空間／街＝メディア／街＝感性という三つのレベルが連動しながら人びとの都市に対するテイストをセグメントし、場面の連続のうちに彼らの身体と自己意識を捕《とら》え込《こ》んでいく一連のメカニズムがセットされるのだ。

（吉見《よしみ》俊哉《しゅんや》『リアリティ・トランジット』紀伊國屋《きのくにや》書店、一九九六・一二）

いま読むとちょっと恥《は》ずかしくなるくらい「セグメント化」という言葉だけに頼《たよ》った評論だが、一九八〇年代都市論としてはこれが一般的だった。簡単に要約してしまえば、つまり主題文にすれば、「断片化された都市を情報誌を使って自分の好みのスタイルにデザインさせるのが、西武資本の都市開発の方法だった」ということになるだろう。この文章では「セグメント化＝断片化」という概念が、西武資本の新しい都市開発の要《かなめ》として肯定的に使われている。繰り返すが、それが先の高橋里美の文章ではほぼ全否定として語られているのである。

さて、選択肢後半の「ともすると多義的な生活に陥ってしまう」もすごい。現在では「多義的」という言葉が否定的に使われることはほとんどないだろう。これは、むしろ好ましい「生活」とされる方が多いのではないだろうか。ここでは、「多義的」の類似の価値観を表す「多文化」という概念を使った小難しい文章を引用しておこう。

多・文化主義としての多文化主義の問題点克服《こくふく》のため、あらためて多文化主義の本来の目的を再確認してみたい。その意義は、むしろ、国民国家は一文化・一言語・一民族によって形成されるべきだとの古典的国民国家主義を打破することにある。今後、われわれは国民文化はもちろん、民族文化・エスニック文化といわれるものにも純粋《じゅんすい》な伝統文化を維持《いじ》しているものはないと認識すること、本質主義的文化観の克服の必要性を理解する必要があり、多文化主義はそのためのきっかけなのだ。

（関根《せきね》政美《まさみ》『多文化主義社会の到来』朝日選書、二〇〇〇・四）

「必要性を理解する必要があり」なんて、思わず添削《てんさく》したくなるような悪文の見本だが、趣旨は国民国家の内部に「複数性」を持ち込もうというところにある。もう少し詳《くわ》しく言えば、つまり主題文にすれば、「文化は本質的に決まったものではないということをきちんと認識して、一つの国民国家の内部に複数の文化を共存させよう、それが多・文化主義である」ということになるだろう。こういうふうに、「多義性」「複数性」「多数性」という概念は現在では肯定的に使われることの方が多い。「一つから複数へ」、この五十年間に起きたパラダイム・チェンジはこう表現できるだろう。「正しさ」は変わることがあるのだ。

第三章で、ぼくは「(小説における)「内包された読者」のテクスト内での位置とは、語り手の位置(「語っているいまの私」の位置)と重なる」と述べた。これは、過去のことを物語る小説において、「内包された読者」は時間の最先端《さいせんたん》(つまり「現在」)に位置することを意味する。さらに、小説は言葉を使ってこの世界に似せたイメージを作る表現形式であって、イーザーによれば「内包された読者」は「文学テクストを読むためのすべての条件を備えた読者」でもあったから、「内包された読者」とは、そう言ってよければ、知性の頂点に立って世界を読む読者だと言える。それは、小説における読者が

「自由な解釈」という特権を手にしているからである。

しかし、評論を面白く読む「内包された読者」は「ふつう」の人を演じるちょっと「おばかさん」でなければならなかった。それは、評論における読者が「正確な読解」というあたかも「学習者」であるかのような行為《こうい》をまず求められるからである。その結果、ぼくたちは評論から現代の「正しさ」やパラダイムを教わることもできるし、さまざまな思考を教わることもできるし、多くの知識を教わることもできる。評論を読むときには、ぼくたちはこういうふうにまず何かを教わろうと思っているものだ。これが、評論における読者の仕事というものだ。

しかし、評論の読者はいつも読者の仕事を評論が想定している通りに行えるわけではないし、ある分野ならば自分の方がよくわかっていると思うこともある。そういうことが重なって、評論を読んで反発を覚えることも少なくない。そんなときには、まず少しだけ謙虚《けんきょ》になって「ふつう」を演じてみてほしい。それは評論の書き手が予想した読者像に（つまり評論における「内包された読者」に）自分を合わせることだ。その上で、自分の「ふつう」とその評論が想定している「ふつう」との違いを正確に測定してほしい。自分の「ふつう」の方が高級だとしたら、その評論はあなたにはもともと必要でなかったのかもしれない。自分の「ふつう」が、評論が想定している「ふつう」と隔《へだ》たっているとしたら、その評論を読むにはあなたはまだ準備が足りなかったのだろう。評論と読者との不幸な出会いは、こうした「ふつう」のレベルの違いによっていることが多い。

だから、評論を読むぼくたちは現代の「正しさ」がどこにあるのかを知っておかなければならない。「現代の「正しさ」」は評論における「ふつう」と重なる場合が多いからである。それを知ることで、ぼくたちは評論における読者の仕事を、評論の批評という高度な読書行為を含めて、うまく遂行《すいこう》することができるのである。

あとがき――装う本

装幀《そうてい》のことを書くのを忘れた。

ぼくにはブック・フェチの傾向《けいこう》がある。特に装幀がすごく気になる方だ。きれいな装幀の本なら、迷わず二冊買う。一冊は読むために、もう一冊はきれいなままにしまっておくために。いま一番お気に入りの装幀家は間村俊一《まむらしゅんいち》さんだ。ちくま新書の装幀も手がけている。上品で落ち着いた色調がいい。そういうわけで、筑摩《ちくま》書房《しょぼう》から出してもらったぼくの論文集『テクストはまちがわない　小説と読者の仕事』の装幀をお願いした。できあがりを見て唸《うな》った。ぼくの無意識に望んでいたことがみごとに形になっていたからだ。写真の使い方に特徴《とくちょう》があって、書店で表紙を見れば、手に取らなくてもすぐに間村さんの装幀だとわかる。

先日、東京池袋のリブロという書店に行った。そうしたら、平積みのコーナーからある本がぼくに語りかけてきた。「私はここにいますよ」と言うのだ。落ち着いたページュの色調にタイトルの文字だけが印刷してある。水野《みずの》和夫《かずお》『人々はなぜグローバル経済の本質を見誤るのか』（日本経済新聞出版社）だった。手にとってぱらぱら見たが、あまりに専門的で、ぼくにはわからないということがすぐにわかった。しかし、どうしても手放せない。奥付《おくづけ》を見たら、「装幀　間村俊一」とあった。それでわかった。ぼくは迷わずその本を買った。そんな風にして買った本が何冊もある。だから間村さん、ぼくの専門外の本の装幀はあんまりしないでほしい。

本の質量感も好きだ。いまは本を置く場所に困っているし、その重さにも悩《なや》まされているが、あのパラパラとめくるときの快感はどこから来るものだろう。お気に入りの本は、何度も何度も手にとってパラパラとめくる。「検索」ということを考えるならパソコンが一番だが、「読む」ということならば本でなければならない。書き込みもできるし、付箋《ふせん》を貼《は》ることもできる。それが、モノとしての重さを伴《ともな》って迫《せま》ってくるのだ。だから、ぼくは本が好きだ。

このちくまプリマー新書の装幀は「クラフト・エヴィング商會《しょうかい》」。前からきれいな品のいい装幀だと思っていた。同じテイストにそろえながらも、一冊一冊装幀が違《ちが》うところも、シリーズを大切にしている気持ちがよく表れていて、好もしい。ぼくには縁がないかなと思っていたから、その仲間入りをさせてもらって、素直に嬉《うれ》しい。そして、楽しみ。

一つお断りを。それほど多くはないと思うけれども、世の中は広いからもしかすると「石原千秋」の本の愛読者という方がおられるかもしれない。断片的にではあるけれども、ぼくはこれまでも読書に関することを何度か書いてきた。今回読書についてまとめて書く機会を与《あた》えられたが、ぼくが書く以上はまったく新しいことばかりというわけにはいかなかった。これまでに書いたものに加筆して「引用」した部分もある。ぼくはそのことですでに書いたものに新しい文脈が与えられてよかったと思っているけれども、一部の読者の方には「すでに読んじゃった感」がところどころにあるかもしれない。その点について、お許し願いたいと思う。

この本のお話は、ちくま新書でいつもご一緒《いっしょ》している山野浩一さんからいただいた。実務を担当してくださったのは、ちくまプリマー新書編集部の伊藤笑子さんだ。それこそプリマー新書の「読者」が見えなくて悪戦苦闘《くとう》しているぼくに、たくさんの適切なアドバイスをいただいた。ぼくはこれまでずいぶん自分勝手に本を書いてきたから、これほど多くのアドバイスをいただいたことはなかったし、これほど謙虚《けんきょ》にそのアドバイスを受け止めたこともなかった。伊藤さんの優秀さと人徳の現れだと思う。心からお礼申し上げたい。

二〇〇七年六月

石原千秋《いしはらちあき》

「読者の仕事」を深めるための読書案内

最後に、ぼくの本に触《ふ》れて、さらに学びたい読者への読書案内をしておこう。手に入れやすさを考えて、比較的《ひかくてき》新しい新書と文庫に限った。

永江朗《ながえあきら》『不良のための読書術』ちくま文庫、二〇〇〇年五月。

帯に「本を最後まで読むのはアホである」なんて書いてある。本に振《ふ》り回《まわ》されないために、書店や図書館の内情だけでなく、本の定価に占める経費の割合まで教えてくれる。商品としてきちっと品定めしなさいという教訓だ。

平野啓一郎《ひらのけいいちろう》『本の読み方　スロー・リーディングの実践《じっせん》』PHP新書、二〇〇六年九月。

平野は新進の小説家だが、読者の「誤読」の権利をきちんと認めている。平野の言う「スロー・リーディング」は「ゆっくり読め」というよりは、「じっくり読め」と訳した方がいいようだ。ぼくの言う「読書への抵抗《ていこう》」と似ている。たとえば、漱石《そうせき》『こころ』で青年の兄が「先生」について否定的《ひていてき》に語るところから「先生」を相対化し、『こころ』全体の構図を浮《う》かび上《あ》がらせるあたり、なかなかの読み手でもある。

佐藤正午《さとうしょうご》『小説の読み書き』岩波新書、二〇〇六年六月。

佐藤正午も小説家。小説家が小説を読む試みだが、現代作家だから「作者の意図はこうである」なんてもちろん書かない。『こころ』の書き出しと『吾輩《わがはい》は猫《ねこ》である』の書き出しを比べて、どちらも主人公に名前がないのは漱石がそういうふうにしか書けなかったからで、『こころ』を読み終わった後に、「先生」ではなく漱石を「尊敬」してしまう秘密も、このあたりにあると言う。なるほど、そう考えると面白《おもしろ》い。

石原千秋『漱石と三人の読者』講談社現代新書、二〇〇四年一〇月。

夏目漱石の読者戦略を論じたもので、漱石は、身近にいた帝国大学出身者の弟子たち、朝日新聞の中産階級の読者、顔も見えないまったく未知の読者の三つの階層がそれぞれの楽しみ方ができるように書き分けたと論じた。ほとんど妄想《もうそう》に近いけれども、新聞小説家としてはそのくらいのしたたかさがなければならなかったと思っている。

ミシェル・アダン『物語論』末松壽《すえまつひさし》・佐藤正年《さとうまさとし》訳、白水社文庫クセジュ、二〇〇四年四月。

ナラトロジー（物語論）という文学研究の方法を概観《がいかん》したもっともコンパクトな本。よくまとまっていて、わかりやすい。

山鳥重《やまどりあつし》『「わかる」とはどういうことか　認識の脳科学』ちくま新書、二〇〇二年四月。

脳科学の立場から、「わかる」を考えた本。ミステリーをたとえに挙げて、ミステリーでは「わからない」ところがどこかを示してあるが、日常生活では自分は何が「わからない」かを自分で発見する必要があると言う。そして、「わかる」ためには記憶《きおく》がモノを言うとなれば、やっぱり勉強するしかないかという結論になりそうだ。

仲正昌樹《なかまさまさき》『「分かりやすさ」の罠《わな》　アイロニカルな批評宣言《せんげん》』ちくま新書、二〇〇六年五月。

ぼくがこの本で触れたような「二項《にこう》対立」は、「わかりやすい」けれども、危険なわかりやすさだと説く。たとえば、〈権力／反権力〉という二項対立があった場合、「権力」について理解するにはこの二項対立は便利だが、現実には「反権力」が「権力」を支えてしまうアイロニーがある。野党が与党《よとう》に力を与《あた》えてしまうように、である。ぼくの説いた二項対立を相対化する上でも、大切な視点だ。

内田樹《うちだたつる》『先生はえらい』ちくまプリマー新書、二〇〇五年一月。

ぼくが大学の授業で「作家は言いたいことを隠《かく》しながら書くものだ」と話したら、学生が「コミュニケーションの本質はわかり合うことにあるのではないですか」と質問した。そこでこの本を読みなさいと指示したら、次の週には「よくわかりました」

と言いに来た。内田樹は、「先生」が尊敬されるのは何を教えてくれるのかがわからないからであって、コミュニケーションもわからなさが本質なのだと説いている。ということを、学生はわかったらしい。

苅谷《かりや》剛彦《たけひこ》『知的複眼《ふくがん》思考法』講談社＋α文庫、二〇〇二年五月。

ぼくの本は、どちらかというと本を素直に読むことに主眼を置いて書かれている。それに対して、この本は「批判的に読む」ことを勧《すす》めている点に特徴《とくちょう》がある。そのために一番大切なのは、「著者の前提を探り出し、それを疑う」ことだと言う。この点は、ぼくが書いた「ふつう」が何を想定しているかを理解しようというところと通い合うかもしれない。

鷲田《わしだ》清一《きよかず》『悲鳴をあげる身体』ＰＨＰ新書、一九九八年一一月。

鷲田清一の身体論をどれか一つといわれれば、この本だろう。身体に関する「ふつう」を次々にひっくり返してくれる。「わたしの身体」と言ったとき、「わたし」は「身体」を「所有」するのかと問われると、困惑《こんわく》する。「わたし」は「身体」であって、同時にその「身体」を「所有」する主体でもある。そう、ぼくがこの本で「本を読む主体は世界の中にない」という意味のことを言ったことを思いだしてほしい。「身体」も不思議だが、「身体」から見た「わたし」も不思議だ。

永井均《ながいひとし》『ウィトゲンシュタイン入門』ちくま新書、一九九五年一月。

初期のウィトゲンシュタインは、言語は世界の「写像」だと考えたが、後期にはぼくたちはある規則を持った「言語ゲーム」の中に閉じこめられていると考えた。ずいぶん違うわけだ。その過程がわかる。

野矢茂樹《のやしげき》『無限論の教室』講談社現代新書、一九九八年九月。

哲学《てつがく》上は、「無限」にはすでに到達《とうたつ》されて、完結した「実無限」と、どこまでも果てしなく続く「可能無限」という二つの考え方があって、野矢茂樹はどうやら分の悪い「可能無限」の立場を説いている。「あとがき」に「手に入れる望みのない未来への感傷《かんしょう》」という一節がある。これを読んだとき、「ああ、この人の中にはぼくがいるかもしれない」と思ってしまった。「未来形の読書」がどこへ行くのか、もう一度考えてみたくなった。

本文中に引用・参照した文献

13頁　スタイナー『青鬚の城にて』桂田重利訳、みすず書房、一九七三年一月。
28頁　赤瀬川原平『老人力』筑摩書房、一九九九年八月。
29頁　赤瀬川原平『背水の陣』日経BP社、二〇〇三年六月。
36頁　内田樹『寝ながら学べる構造主義』文春新書、二〇〇二年六月。
40頁　黒崎宏『言語ゲーム一元論』勁草書房、一九九七年一二月。
47頁　ヤウス『挑発としての文学史』轡田収訳、岩波書店、一九七六年六月。
48頁　中野独人『電車男』新潮社、二〇〇四年一〇月。
64頁　辻仁成『そこに僕はいた』新潮文庫、一九九五年六月。
73頁　大橋洋一『新文学入門』岩波書店、一九九五年八月。
80頁　夏目漱石『文学論』上・下、岩波文庫、二〇〇七年二月〜四月。
81頁　黒崎宏『ウィトゲンシュタインから道元へ』哲学書房、二〇〇三年三月。
89頁　イーザー『行為としての読書』轡田収訳、岩波書店、一九八二年三月。
91頁　夏目漱石『坊っちゃん』新潮文庫、二〇〇三年四月。

92頁　小森陽一『構造としての語り』新曜社、一九八八年四月。
94頁　太宰治『人間失格』新潮文庫、二〇〇六年一月。
95頁　夏目漱石『三四郎』新潮文庫、一九八六年二月。
100頁　夏目漱石『こころ』新潮文庫、二〇〇四年三月。
101頁　石原千秋『『こころ』大人になれなかった先生』みすず書房、二〇〇五年七月。
103頁　フィッシュ『このクラスにテクストはありますか』小林昌夫訳、みすず書房、一九九二年九月。
106頁　ロラン・バルト『物語の構造分析』花輪光訳、みすず書房、一九七九年一一月。
108頁　芥川龍之介『羅生門・鼻』新潮文庫、二〇〇五年一〇月。
125頁　鷲田清一『ちぐはぐな身体』ちくま文庫、二〇〇五年一月。
127頁　永江朗『〈不良〉のための文章術』NHKブックス、二〇〇四年六月。
136頁　高橋里美「人生の目的」『人間学講座　第5』理想社出版部、一九三九年二月。
141頁　吉見俊哉『リアリティ・トランジット』紀伊國屋書店、一九九六年二月。
143頁　関根政美『多文化主義社会の到来』朝日選書、二〇〇〇年四月。

ちくまプリマー新書 062

未来形《みらいけい》の読書術《どくしょじゅつ》

二〇〇七年七月十日　初版第一刷発行

著者　石原千秋（いしはら・ちあき）

装幀　クラフト・エヴィング商會

発行者　菊池明郎

発行所　株式会社筑摩書房
東京都台東区蔵前二－五－三　〒一一一－八七五五
振替〇〇一六〇－八－四一二三

印刷・製本　株式会社精興社

ISBN978-4-480-68764-7 C0290 Printed in Japan

乱丁・落丁本の場合は、左記宛に御送付下さい。
送料小社負担でお取り替えいたします。
ご注文・お問い合わせも左記へお願いします。
〒三三一－八五〇七　さいたま市北区櫛引町二－六〇四
筑摩書房サービスセンター
電話〇四八－六五一－〇〇五三